Zodíaco

Zodíaco

dale un sentido a tu vida a través de la astrología

nicholas
campion

EVEREST

DEDICADO A...

mis padres, Ruth y Desmond, que me iniciaron en este viaje.

Directora editorial: Jane O'Shea
Directora creativa: Mary Evans
Directora artística: Françoise Dietrich
Editora del proyecto: Hilary Mandleberg
Editora artística: Rachel Gibson
Produccción: Julie Hadingham
Búsqueda de fotografías: Nadine Bazar
Asistente de fotografía: Sarah Airey

Título original: *Zodiac: enhance your life through astrology*

Traducción: Marisa Rodríguez Pérez

© Textos, con excepción de las tablas lunares, Nicholas Campion 2000

© Tablas lunares, Chester Kemp 2000

© Diseño y maquetación, Quadrille Publishing Ltd 2000

y EDITORIAL EVEREST S. A.

Carretera León-La Coruña, km 5 - LEÓN

ISBN: 84-241-8514-5

Depósito Legal: LE-1072-2003

contenidos

INTRODUCCIÓN 6

ARIES 20
TAURO 34
GÉMINIS 48
CÁNCER 62
LEO 76
VIRGO 90
LIBRA 104
ESCORPIO 118
SAGITARIO 132
CAPRICORNIO 146
ACUARIO 160
PISCIS 174

ÍNDICE 188

FOTOGRAFÍAS 190

introducción

Hay pocas visiones tan maravillosas como un cielo oscuro salpicado de estrellas centelleantes con el denso rastro blanco de la vía láctea extendiéndose de un extremo a otro del horizonte. Desde que los seres humanos los contemplaron por primera vez, los cielos han inspirado los sueños de poetas, artistas, científicos y místicos. Desde las maravillas del cielo nocturno hasta el sol naciente, o la aparición de la media luna al atardecer, los cuerpos celestes han sido fuentes de sabiduría científica, metáforas amorosas y símbolos del esplendor de la creación divina.

LOS RITMOS DE LA NATURALEZA CREAN INFINITA SORPRESA. LA NOCHE SUCEDE AL DÍA Y LAS ESTACIONES FLUYEN DE UNA MANERA TAN INEVITABLE QUE RESULTAN ESENCIALES PARA LA VIDA EN LA TIERRA. EL SOL ES LA FUENTE DE NUESTRO CALOR Y LUZ; CADA ÁTOMO DE NUESTROS CUERPOS FUE CREADO EN SU CORAZÓN ARDIENTE: SOMOS HIJOS DEL COSMOS.

La astrología plantea muchas preguntas acerca de nuestra relación con el universo. Los astrólogos tienden a pensar en el cosmos como un todo integrado en el que el consciente y la materia son interdependientes, y todas las partes del universo están en conexión, independientemente de lo lejos que se encuentren. Como suele ocurrir, se trata de un punto de vista completamente a tono con los conceptos modernos del medio ambiente que se remontan a la creencia primitiva de que todos los sistemas naturales están interrelacionados. Esta idea fue resumida por los místicos islámicos en la frase: "Igual que arriba, abajo, e igual que abajo, arriba", y también está presente en el argumento del filósofo Leibnitz, en el que Dios es el universo y el universo es Dios.

Pero todo estudiante de astrología tiene que aprender las distinciones entre la astrología natural –el estudio de las verdaderas influencias y causas celestes, y el antecedente de la moderna astrofísica– y la astrología judicial. En la astrología judicial, el astrólogo, como el mismo término indica, tiene que llegar a un juicio. La astrología judicial es la astrología que encontramos hoy en día en los horóscopos de las revistas o en la sala de consultas del astrólogo. Se trata de un arte interpretativo, no de una ciencia exacta, relacionado no con la medida, sino con el significado.

La astrología judicial trata menos de nociones de causa y efecto que de valores humanos, y el astrólogo sensible escuchará las preocupaciones de un individuo en lugar de trazar un futuro férreo. De hecho, los astrólogos profesionales modernos prestan menos atención a predecir el futuro, pero sí animan a sus clientes a comprenderse a sí mismos. Según la teoría, si desciframos por qué hacemos las cosas que hacemos, entonces podemos mejorar nuestro comportamiento y hacernos con el control de nuestro futuro, haciendo innecesarias las predicciones. La pregunta que se ha de hacer a un astrólogo no es "¿Cómo soy?" sino "¿Qué puedo hacer?", porque cada signo del Zodíaco contiene un elemento de liberación, cada uno poseemos una personalidad que puede trascender y nos vemos envueltos en circunstancias que podemos cambiar. Así pues, hay que potenciar la libre elección en lugar de sucumbir al destino. Podemos aprender a reconocer el camino, pero no aceptarlo necesariamente. Si buscamos un lema astrológico moderno, nada mejor que las palabras "Conócete a ti mismo".

Astrología y relaciones

Lo que normalmente se oculta tras una primera visita al astrólogo es un deseo de cambio. Con frecuencia, las relaciones del cliente están en la línea de fuego: puede encontrarlas inhibidoras y pensar que están frenando su propio crecimiento personal. La astrología es muy adecuada para proporcionar revelaciones de valor. Las características de los signos del Zodíaco pueden ser representativas de distintas facetas de nuestra personalidad (tal vez incluso subpersonalidades). Durante una consulta de la carta astral, el astrólogo las estudiará y analizará su función en distintas partes y momentos de nuestras vidas. Una faceta puede ser dominante en el trabajo, otra en el hogar, etcétera.

Las revelaciones como éstas son especialmente útiles a la hora de comprender nuestras relaciones, sobre todo aquéllas en las que parece que no tenemos control sobre nuestras emociones. Tal vez sintamos que estas relaciones proceden del cielo, o tal vez no soportemos la visión de la otra persona. La astrología nos ayuda a averiguar por qué sentimos atracción o aversión a primera vista y, una vez que somos capaces de observarnos de manera más objetiva, podemos comenzar a tomar nuestras propias decisiones acerca de nuestras relaciones con los demás. Éste es el primer paso para dejar de culpar a otras personas de nuestros problemas; no significa que seamos responsables de todo lo que nos ocurra, únicamente que podemos controlar nuestras respuestas.

Los astrólogos y los psicólogos van más allá: sugieren que las personas entran en nuestras vidas en momentos determinados para cumplir funciones especiales. En ocasiones, incluso parece que propiciamos la aparición de ciertos individuos cuando los necesitamos. Así pues, algunas relaciones parecen estar destinadas o condenadas sin más, como era el caso de Romeo y Julieta, los amantes de Shakespeare.

Cualquier aventura amorosa o disputa dramática inesperada puede considerarse parte de nuestro propio viaje interior, es decir, el proceso que seguimos para aprender acerca de nosotros mismos y descubrir de lo que somos capaces. Cuando recordemos que podemos necesitar a otras personas para un propósito del que todavía no somos conscientes, y que tal vez mañana no sintamos lo mismo que hoy, comenzaremos a comprendernos a nosotros mismos... y también a nuestros congéneres.

La carta astral (o mapa natal astrológico)

Entonces, ¿qué ocurre si vamos a ver a un astrólogo? El primer paso del astrólogo, antes de que tenga lugar la consulta, es anotar la hora, la fecha y el lugar de nacimiento del cliente. Con esta información, realiza una carta astral –u horóscopo– que recoge, en relación con los 12 signos del Zodíaco, la posición del Sol, la Luna y los planetas tal y como se vieron desde la Tierra en dicho momento y lugar. El signo del nacimiento –o signo solar– es el signo del Zodíaco que ocupaba el Sol en el instante del nacimiento. Sin embargo, el cálculo de nuestro calendario resulta complicado a causa de diversas consideraciones, incluido el hecho de que la Tierra gira sobre su propio eje una vez al día, y orbita alrededor del Sol una vez al año. Además, existen varios movimientos menores a tener en cuenta. En consecuencia, el Sol no entra en cada signo del Zodíaco el mismo día de cada año, motivo por el cual los astrólogos suelen dar una fecha aproximada para el comienzo y el final de cada signo solar. Por eso, si ha nacido al final de un signo solar o al comienzo del siguiente, puede encontrar discrepancias entre los horóscopos.

Así pues, con independencia de dónde está el Sol a la hora del nacimiento, los planetas (la Luna, Mercurio, Venus, Marte, Júpiter, Saturno, Urano, Neptuno y Plutón) ocupan los otros signos, por lo que es posible nacer con 5 ó 6 planetas en un signo distinto al del nacimiento. Por eso, cuando los astrólogos hablan de personas Aries o Tauro, quieren decir que tienen otros planetas en esos signos, y no necesariamente el Sol.

Aunque el signo astral –o solar– es por el que se rigen los horóscopos, el signo que contiene la Luna en el momento del nacimiento es igualmente importante, ya que aunque se dice que el Sol refleja el yo interior y los aspectos más profundos de la identidad, la Luna revela las reacciones emocionales ante las circunstancias. De ello se deduce que, si leemos nuestro signo lunar además del signo solar (*véase* páginas 16-19), obtendremos una imagen más completa de nuestro carácter y personalidad.

Por último, el astrólogo introduce en la carta astral 12 divisiones –llamadas "casas"– basadas en el horizonte. Estas 12 casas rigen áreas específicas de la vida, como el trabajo o las relaciones, y nos indican en qué área de nuestra vida cotidiana se manifiestan los planetas o energías.

De este modo, cada fase de este viaje a través del Zodíaco es relevante. Los grabados antiguos muestran seres humanos con los signos del Zodíaco impresos en el cuerpo, indicando que, metafóricamente, todos "contenemos" los 12 signos; en otras palabras, el Zodíaco es una imagen completa de la experiencia humana.

Buscando el auténtico yo

Está claro que los astrólogos añaden complejidad a cada horóscopo. Además, la carta astral dista mucho de ser estática. Los patrones que contiene comienzan a cambiar minutos después del nacimiento, y las condiciones precisas de cualquier horóscopo a cualquier hora del día se valoran utilizando factores que pueden variar desde cada 15 minutos hasta cada 100 años. Ya no somos agrupables en 12 tipos, sino que emergemos como individuos únicos.

A la hora de comprender esta infinidad de factores, cada uno tiene un estándar de interpretación que describe situaciones ideales o casos de manual. Muchos contienen elementos contradictorios, o coinciden con elementos de los horóscopos de otras personas. Pero estas interpretaciones no pretenden ser explicaciones de cómo somos. Están ahí para animarnos a sopesar nuestras fuerzas y debilidades, a ver las formas de aceptar la responsabilidad de nuestras propias decisiones, a adquirir un entendimiento más claro de nuestras acciones, a mejorar nuestras vidas y nuestras relaciones. Nos ayudan a contemplar no sólo quiénes somos, sino quiénes podríamos ser.

Por lo tanto, la astrología es dinámica: presupone que estamos todos en un estado de flujo continuo. Ningún día es igual a otro, ni 2 individuos son exactamente iguales, y todos experimentamos emociones y circunstancias que oscilan constantemente. Somos viajeros a través del espacio y del tiempo.

Cómo interpretar el Zodíaco

La palabra Zodíaco procede de un vocablo griego que significa "relativo a animales" o, en ocasiones, "círculo de animales". Comparte la raíz con la palabra zoo. El Zodíaco utilizado por los astrólogos occidentales fue desarrollado a lo largo de varios miles de años, principalmente por los babilonios –y quizá por pueblos aún más antiguos–, pero experimentó algunas aportaciones a cargo de los egipcios y los griegos. Existen distintos Zodíacos, pero los más conocidos son el Zodíaco tropical y el Zodíaco sideral.

El Zodíaco tropical es el utilizado por los astrólogos occidentales. Consta de 12 signos zodiacales y se basa en las estaciones y equinoccios, así como en un cielo dividido en 12 segmentos de igual tamaño. El Sol siempre entra en Aries, el primer signo del Zodíaco, el 21 de marzo. En el hemisferio Norte, éste es el equinoccio de primavera; en el hemisferio Sur, es el equinoccio de otoño.

El Zodíaco sideral –del latín *sidus*, que significa "estrella"– se basa en las estrellas. Existen 2 tipos de Zodíaco sideral: el utilizado por los astrónomos, y el utilizado por los astrólogos indios. El empleado por los astrónomos está totalmente basado en las estrellas y está formado por constelaciones de diversos tamaños; no se usa para fines astrológicos, sólo para describir la posición de los planetas.

El Zodíaco sideral utilizado por los astrólogos indios está segmentado en 12 divisiones de igual tamaño. A medida que las estrellas han variado gradualmente su posición según las estaciones, los Zodíacos indio y occidental se han ido distanciando, y un horóscopo indio facilitará información diferente que uno de origen occidental.

Las cruces

Los signos del Zodíaco occidentales se dividen en 3 cruces (o motivaciones): cardinal, fijo y mutable, que configuran el carácter de cada signo. Los signos que tienen la misma cruz comparten las mismas características. Así, los signos cardinales –Aries, Cáncer, Libra y Capricornio– son más enérgicos y autoritarios; los signos fijos –Tauro, Leo, Escorpio y Acuario– se resisten al cambio; y los signos mutables –Géminis, Virgo, Sagitario y Piscis– son flexibles.

Los elementos

Asimismo, los signos se dividen en 4 elementos –Fuego, Tierra, Aire y Agua– que, al igual que las cruces, configuran el carácter de cada signo. De nuevo, los signos del mismo elemento comparten las características.

Así pues, los signos de Fuego –Aries, Leo y Sagitario– son entusiastas, impulsivos y enérgicos, los signos de Tierra –Tauro, Virgo y Capricornio– son prácticos y precavidos; los signos de Aire –Géminis, Libra y Acuario– son pensadores y comunicadores; los signos de Agua –Cáncer, Escorpio y Piscis– son románticos y emocionales. Cuando añadimos los símbolos zodiacales de los signos –el carnero, el toro, etcétera– a estas descripciones, podemos comenzar a crear una imagen aún más rica de la personalidad de cada signo.

El simbolismo de la astrología

Existe una lógica en los sistemas astrológicos de los emblemas zodiacales y los significados planetarios, pero es una herencia del pasado y resulta bastante extraña, pues la astrología conserva una manera de ver el mundo en desuso, a excepción tal vez de artistas y místicos. Se trata de un sistema simbólico que nos acerca al mundo de los sueños, un mundo en el que los antiguos mitos y leyendas pasan a formar parte del entramado de nuestra existencia diaria. Por ejemplo, una idea que hemos perdido y que tiene gran relevancia en la astrología procede de los antiguos griegos, que creían que el universo estaba vivo. La parte del cielo que ellos denominaban Leo, por ejemplo, contenía o reflejaba las mismas cualidades que el león: coraje y porte real.

En la Edad Media también existió todo un sistema de correspondencias entre planetas, signos zodiacales y personas, animales, piedras y hierbas. Se conocía como la "Gran Cadena del Ser". Todo, desde los arcángeles y las emociones humanas a los insectos y demonios, estaba unido en una serie de correspondencias verticales y horizontales. Todos los signos del Zodíaco, por ejemplo, estaban en un nivel horizontal, mientras que los ángeles, colores, hierbas y animales estaban dispuestos en vertical.

Muchas de las correspondencias parecen bastante arbitrarias hoy en día, aunque en ocasiones parecen tener sentido. Por ejemplo, resulta natural relacionar al Sol con cualidades humanas como la generosidad y el orgullo, con los reyes y el león (el rey de la selva), con el oro y los girasoles. En cambio, Aries está vinculado con las especias calientes a través de su planeta dominante Aries, que en sí mismo es considerado como caliente por su brillo rosado.

Cuando se tienen en cuenta estas conexiones tan evidentes, queda claro que todo el sistema se basaba en cómo percibimos las cosas, cómo las imaginamos y las palabras que utilizamos para describirlas. Esto dista mucho de la ciencia moderna, que trata de decirnos cómo son en realidad las cosas. Adéntrese en el mundo de la astrología y se adentrará en un mundo de simbolismos, adaptable y abierto a la interpretación. Y lo que es más, los símbolos astrológicos son constantemente reinterpretados a medida que el mundo y la sociedad cambian.

Astrología, mitología y narrativa

Nuestros mitos más antiguos hablan de las vidas, amores y pasiones de los grandes dioses y diosas planetarios, como Venus y Marte, los iniciadores del amor y la guerra, Mercurio el mensajero, y Júpiter, el rey de los dioses. Otras historias cuentan la "búsqueda del héroe", un tema con el que se identificaron los estudiosos del siglo XIX. Los héroes incluían figuras de las leyendas griegas como Hércules, Perseo, Teseo y Jasón, Gilgamesh de la antigua Babilonia, o figuras religiosas como Cristo o el dios romano Mitras.

Normalmente, el héroe tiene un origen misterioso o humilde, y suele ser "llamado" a embarcarse en una búsqueda por circunstancias fuera de su control. La búsqueda consiste en desafíos como escalar montañas, surcar océanos, viajar a través de bosques oscuros, enfrentarse a demonios, luchar con monstruos y, por último, ganar su recompensa: con frecuencia un reino o una esposa.

Estas historias revelan verdades esenciales acerca de la condición humana y de los procesos psicológicos a los que todos estamos sometidos. Cuentan, de forma dramática, las presiones a las que los seres humanos están sometidos en su viaje a través de la vida: la crisis del crecimiento, salir solo al mundo, amor y desamor, los desafíos de la edad y las iniciaciones y ritos de la madurez que marcan las fases cruciales de nuestras vidas. Los astrólogos psicológicos modernos utilizan estos antiguos dramas arquetípicos para dar consejo sobre la vida, para hablarnos de nosotros mismos y ayudarnos a resolver problemas cotidianos. Nos muestran que no existe "gozo sin dolor", que tenemos que enfrentarnos a nuestros demonios internos: nuestros miedos, fobias, necesidades inconscientes y deseos reprimidos. A un nivel creativo, pueden interpretarse como que no existe arte sin sufrimiento, que para ser verdaderamente creativo uno debe embarcarse primero en un largo y oscuro viaje a través del alma. Vista desde esta perspectiva, la astrología es mitología práctica, y los astrólogos podrían ser considerados narradores modernos, los herederos de una tradición ancestral.

Pero estas historias pueden considerarse también historias de calendario, representaciones míticas del viaje anual del Sol a través de los cielos; en otras palabras, el transcurso de las estaciones. El período de sufrimiento experimentado por el héroe representa el invierno y su triunfo eventual indica la llegada del verano. Así pues, los mitos antiguos del mundo también se convierten en el foco de las grandes festividades del calendario, cuyo simbolismo astronómico fue explícito en otra época aunque ahora se haya olvidado. Los antiguos babilonios, por ejemplo, celebraban el Akitu -año nuevo babilónico- en la luna nueva que seguía al equinoccio de primavera, la época del año en la que, en el hemisferio Norte, los días son más largos que las noches y está a punto de comenzar un nuevo ciclo de vida y fertilidad. De igual manera, los romanos celebraban el renacimiento del dios Sol el 25 de diciembre, momento en el que las largas noches comienzan a dar paso a los días más largos. Los cristianos adoptaron estos 2 momentos para sus propias celebraciones, transformándolos en las festividades modernas de Pascua y Navidad, respectivamente, y perpetuando así la fascinación de nuestros ancestros por el movimiento de las estrellas y los planetas del cielo.

Cada sociedad tiene su propia secuencia de festividades, proporcionando un viaje a través del año en el que todos, jóvenes y adultos, pueden compartir la experiencia de los grandes puntos estacionales. Pero, a cambio, este viaje a través del año representa un viaje interior individual, en el que todos estamos embarcados en la vida. Se trata de un viaje reconocido por los antiguos místicos. Según ellos, al nacer, el alma penetra en el cuerpo después de haber recorrido los planetas. El propósito de la vida es prepararse para el inevitable retorno a las estrellas. La astrología moderna también ve la vida como un viaje. Pasamos por el mundo con nuestros amigos y nuestra familia, pero todos somos héroes y heroínas de nuestro propio "viaje épico" a través de las estrellas.

Tablas lunares

Al leer un horóscopo, el astrólogo puede sentir que el signo en el que la luna estaba en el momento de su nacimiento aporta una descripción tan rica de usted mismo como su signo solar. Siga los pasos inferiores y las tablas de las siguientes páginas para hallar la posición de la luna cuando usted nació, y también acerca de su signo lunar.

Cómo utilizar las tablas

Nota: Las tablas lunares están trazadas a las 12 del mediodía de la zona horaria de Greenwich y son válidas para Europa, Escandinavia y África. Lea el paso 7 para adaptar las tablas a una zona horaria diferente.

Paso 1. Utilizando las tablas de las páginas 18-19 y su mes y año de nacimiento, anote el número de ciclo (A) y la posición zodiacal de la luna al comienzo del mes (B).

Paso 2. Utilizando el número de ciclo (A), vaya a la tabla 1 (en la parte inferior) y anote el movimiento.

Paso 3. Sume su fecha de nacimiento al ciclo (A) y anote el movimiento resultante (otra vez en la tabla 1).

Paso 4. Reste este número del movimieinto obtenido en el paso 2 y obtendrá la distancia que la luna ha recorrido desde el comienzo del mes.

Paso 5. Sume esta distancia a la posición zodiacal inicial de la luna (B): es la posición de la luna a mediodía.

Paso 6. Si conoce la hora de su nacimiento, modifique el resultado a partir de la tabla 2.

Paso 7. Si ha nacido en EE UU o Canadá, sume 0,1; para La India, Pakistán y el Sureste Asiático, reste 0,1; para Australia, Nueva Zelanda y Japón, reste 0,2.

Paso 8. Por último, sin tener en cuenta los decimales, vaya a la tabla 3 de la página siguiente: iéste es su signo lunar! Si el resultado es un número entero o un número casi entero, su signo lunar puede estar en un signo contiguo. Por ejemplo, con un resultado de 5,9, su signo lunar puede encontrarse en Virgo (6), e igualmente con un resultado de 10,00, puede hallarse en Sagitario (9).

Tabla 1

Esta tabla refleja el patrón típico del movimiento de la luna, pero el punto de inicio variará según el mes. Dicha información aparece en las tablas de las páginas 18–19.

Ciclo	Movimiento	Ciclo	Movimiento	Ciclo	Movimiento	Ciclo	Movimiento	Ciclo	Movimiento
0	25.5	12	19.8	24	14.9	36	9.4	48	4.2
1	25.1	13	19.4	25	14.5	37	8.9	49	3.8
2	24.6	14	18.9	26	14.1	38	8.5	50	3.4
3	24.2	15	18.5	27	13.6	39	8.0	51	3.0
4	23.7	16	18.1	28	13.2	40	7.5	52	2.6
5	23.2	17	17.7	29	12.8	41	7.1	53	2.2
6	22.7	18	17.3	30	12.3	42	6.6	54	1.8
7	22.2	19	16.9	31	11.8	43	6.2	55	1.3
8	21.7	20	16.5	32	11.4	44	5.8	56	0.9
9	21.3	21	16.1	33	10.9	45	5.4	57	0.4
10	20.8	22	15.7	34	10.4	46	5.0	58	0.0
11	20.3	23	15.3	35	9.9	47	4.6		

Tabla 2

Esta tabla muestra los cambios menores de la posición zodiacal durante el día (de 24 horas). Utilícela si conoce la hora de su nacimiento.

Hora nacimiento	Diferencia
de 0:00 a 3:00	- 0.2
de 4:00 a 9:00	- 0.1
de 10:00 a 14:00	+ 0.0
de 15:00 a 20:00	+ 0.1
de 21:00 a 0:00	+ 0.2

Tabla 3

Con esta tabla y el resultado de sus cálculos desvelará en qué signo zodiacal está su Luna.

Números del signo zodiacal			Resultado
1	13	25	Aries
2	14	26	Tauro
3	15	27	Géminis
4	16	28	Cáncer
5	17	29	Leo
6	18	30	Virgo
7	19	31	Libra
8	20	32	Escorpio
9	21	33	Sagitario
10	22	34	Capricornio
11	23	35	Acuario
12	24	36	Piscis

Ejemplo

para alguien nacido el 27 de febrero de 2000 a las 2:00

Paso 1. (A) = 19   (B) = 9.5

Paso 2. Movimiento para 19 = 16.9

Paso 3. fecha nacimiento (27) + número ciclo (19) = 46
Movimiento = 5.0

Paso 4. 16.9 − 5.0 = 11.9

Paso 5. 11.9 + 9.5 = 21.4

Paso 6. 21.4 − 0.2 = 21.2

Paso 7. opcional

Paso 8. 21 = ¡Luna en Sagitario!

	Enero		Feb.		Marzo		Abril		Mayo		Junio		Julio		Agosto		Sept.		Oct.		Nov.		Dic.	
	A	B	A	B	A	B	A	B	A	B	A	B	A	B	A	B	A	B	A	B	A	B	A	B
1920	4	1.8	7	3.6	9	4.4	12	6.2	15	7.3	18	8.9	21	10.0	24	11.5	0	1.0	2	2.3	6	4.0	8	5.3
1921	12	7	15	8.6	16	8.9	19	10.4	21	11.4	25	12.9	0	2.0	3	3.7	7	5.5	9	6.8	13	8.5	15	9.6
1922	18	11.2	22	12.6	22	12.9	26	2.4	1	3.6	4	5.3	7	6.6	10	8.4	14	10.1	16	11.2	19	12.7	22	1.8
1923	25	3.2	1	4.8	2	5.1	5	6.8	8	8.1	11	9.9	13	11.1	17	12.7	20	2.1	23	3.2	26	4.7	1	5.9
1924	5	7.6	8	9.3	9	10.2	13	11.9	15	1.0	19	2.6	21	3.6	25	5.1	1	6.7	3	8.0	6	9.7	9.0	11
1925	12	12.7	16	2.3	16	2.6	20	4.0	22	5.1	25	6.6	1	7.7	4	9.4	7	11.2	10	12.5	13	2.2	16	3.3
1926	19	4.8	22	6.3	23	6.6	26	8.1	1	9.3	5	11.1	7	12.4	11	2.1	14	3.8	17	4.9	20	6.3	22	7.4
1927	26	8.9	2	10.5	2	10.8	6	12.5	8	1.8	12	3.6	14	4.8	17	6.3	21	7.8	23	8.9	27	10.4	2	11.6
1928	5	1.3	9	3.1	10	3.9	13	5.6	16	6.7	19	8.2	22	9.3	25	10.8	1	12.4	4	1.7	7	3.5	10	4.7
1929	13	6.4	16	8.0	17	8.2	20	9.7	23	10.7	26	12.2	1	1.4	5	3.1	8	4.9	10	6.2	14	7.9	16	9.0
1930	20	10.5	23	12.0	24	12.3	0	1.8	2	3.0	5	4.8	8	6.1	11	7.8	15	9.4	17	10.5	21	12.0	23	1.1
1931	26	2.6	3	4.2	3	4.5	6	6.2	9	7.5	12	9.3	15	10.4	18	12.0	21	1.5	24	2.5	0	4.1	2	5.3
1932	6	7.1	9	8.8	11	9.6	14	11.3	17	12.4	20	1.9	22	3.0	26	4.5	2	6.1	4	7.4	8	9.2	10	10.4
1933	14	12.1	17	1.6	17	1.9	21	3.3	23	4.4	27	5.9	2	7.1	5	8.8	9	10.6	11	11.9	14	1.5	17	2.7
1934	20	4.2	24	5.7	24	6.0	0	7.5	3	8.7	6	10.5	8	11.8	12	1.5	15	3.1	18	4.2	21	5.7	24	6.7
1935	0	8.2	3	9.9	4	10.2	7	11.9	9	1.2	13	3.0	15	4.1	19	5.7	22	7.1	24	8.2	1	9.8	3	11
1936	6	12.8	10	2.6	11	3.4	15	5.0	17	6.1	21	7.6	23	8.6	26	10.2	2	11.8	5	1.1	8	2.9	11	4.1
1937	14	5.7	18	7.3	18	7.5	21	9.0	24	10.1	0	11.6	2	12.8	6	2.6	9	4.4	12	5.6	15	7.2	17	8.4
1938	21	9.8	24	11.3	25	11.6	1	1.2	3	2.4	7	4.2	9	5.5	13	7.2	16	8.8	18	9.9	22	11.3	24	12.4
1939	0	1.9	4	3.6	4	3.9	8	5.7	10	7.0	13	8.7	16	9.8	19	11.3	23	12.8	25	1.9	1	3.5	4	4.8
1940	7	6.6	10	8.3	12	9.1	15	10.7	18	11.8	21	1.2	24	2.3	0	3.8	3	5.5	5	6.8	9	8.5	11	9.8
1941	15	11.4	18	12.9	19	1.2	22	2.7	24	3.8	1	5.3	3	6.6	6	8.3	10	10.1	12	11.3	16	12.9	18	2.0
1942	21	3.5	25	5.0	25	5.3	1	6.9	4	8.1	7	9.9	10	11.2	13	12.9	17	2.4	19	3.5	22	5.0	25	6.0
1943	1	7.6	4	9.3	5	9.6	8	11.4	11	12.7	14	2.4	16	3.5	20	5.0	23	6.5	26	7.6	2	9.2	4	10.5
1944	8	12.3	11	2.0	12	2.8	16	4.3	18	5.4	22	6.9	24	7.9	0	9.5	4	11.2	6	12.4	10	2.2	12	3.5
1945	15	5.1	19	6.6	19	6.9	23	8.3	25	9.5	1	11.0	4	12.3	7	2.1	10	3.8	13	5.1	16	6.6	19	7.7
1946	22	9.2	26	10.7	26	11.0	2	12.6	4	1.8	8	3.6	10	4.9	14	6.6	17	8.1	20	9.2	23	10.6	25	11.7
1947	2	1.3	5	3.0	5	3.4	9	5.1	11	6.4	15	8.1	17	9.2	20	10.7	24	12.2	26	1.3	2	2.9	5	4.2
1948	8	6	12	7.7	13	8.5	16	10.0	19	11.1	22	12.5	25	1.6	1	3.2	4	4.9	7	6.2	10	7.9	13	9.2
1949	16	10.8	19	12.3	20	12.5	23	2.0	26	3.1	2	4.8	4	6.0	8	7.8	11	9.6	13	10.8	17	12.3	19	1.4
1950	23	2.8	26	4.4	27	4.6	3	6.3	5	7.5	8	9.3	11	10.6	14	12.2	18	1.8	20	2.8	24	4.3	26	5.4
1951	2	7	6	8.7	6	9.1	9	10.9	12	12.1	15	1.8	18	2.9	21	4.4	24	5.8	0	7.0	3	8.7	5	9.9
1952	9	11.7	12	1.4	14	2.1	17	3.7	20	4.7	23	6.2	25	7.3	1	8.9	5	10.6	7	11.9	11	1.6	13	2.9
1953	17	4.4	20	5.9	20	6.2	24	7.7	26	8.8	2	10.5	5	11.8	8	1.5	12	3.3	14	4.5	17	6.0	20	7.0
1954	23	8.5	27	10.0	0	10.3	3	11.9	6	1.2	9	3.0	12	4.3	15	5.9	18	7.4	21	8.5	24	10.0	27	11.1
1955	3	12.7	6	2.5	7	2.9	10	4.6	12	5.9	16	7.4	18	8.5	22	10.0	25	11.5	0	12.7	4	2.4	6	3.6
1956	9	5.4	13	7.1	14	7.8	18	9.3	20	10.4	24	11.8	26	13.0	2	2.6	5	4.3	8	5.6	11	7.3	14	8.6
1957	17	10.1	21	11.6	21	11.9	24	1.4	0	2.5	3	4.2	5	5.5	9	7.3	12	9.0	15	10.1	18	11.6	20	12.7
1958	24	2.2	0	3.7	0	4.0	4	5.6	6	6.9	10	8.7	12	10.0	16	11.6	19	1.1	21	2.2	25	3.7	0	4.8
1959	3	6.5	7	8.2	7	8.6	11	10.3	13	11.6	16	1.1	19	2.2	22	3.7	26	5.2	1	6.3	4	8.0	7	9.3
1960	10	11.1	13	12.8	15	1.5	18	3.0	21	4.0	24	5.5	27	6.6	3	8.3	6	10.0	9	11.3	12	1.1	14	2.2
1961	18	3.8	21	5.3	22	5.6	25	7.1	0	8.2	4	9.9	6	11.2	9	13.0	13	2.7	15	3.8	19	5.3	21	6.4
1962	25	7.8	1	9.4	1	9.7	4	11.3	7	12.6	10	2.4	13	3.7	16	5.3	20	6.8	22	7.8	25	9.4	0	10.5
1963	4	12.2	7	2.0	8	2.3	11	4.1	14	5.3	17	6.8	19	7.9	23	9.3	26	10.8	1	12.0	5	1.7	7	3.0
1964	11	4.8	14	6.4	15	7.1	19	8.6	21	9.7	25	11.2	0	12.3	3	2.0	7	3.8	9	5.1	13	6.8	15	8.0
1965	18	9.5	22	10.9	22	11.2	26	12.7	1	1.9	4	3.6	7	4.9	10	6.7	13	8.4	16	9.5	19	11.0	22	12
1966	25	1.5	1	3.0	2	3.3	5	5.1	7	6.4	11	8.1	13	9.4	17	10.9	20	12.4	23	1.5	26	3.0	1	4.2
1967	5	5.9	8	7.7	8	8.1	12	9.8	14	10.9	18	12.5	20	1.5	23	3.0	0	4.5	2	5.7	5	7.4	8	8.7
1968	11	10.5	15	12.1	16	12.8	20	2.3	22	3.4	25	4.9	0	6.0	4	7.7	7	9.5	10	10.8	13	12.5	16	1.6
1969	19	3.1	22	4.6	23	4.9	26	6.4	1	7.6	5	9.3	7	10.6	11	12.4	14	2.0	16	3.1	20	4.6	22	5.7

	Enero		Feb.		Marzo		Abril		Mayo		Junio		Julio		Agosto		Sept.		Oct.		Nov.		Dic.	
	A	B	A	B	A	B	A	B	A	B	A	B	A	B	A	B	A	B	A	B	A	B	A	B
1970	26	7.1	2	8.7	2	9.1	6	10.8	8	12.1	12	1.8	14	3.1	17	4.6	21	6.1	23	7.2	27	8.7	2	9.9
1971	5	11.7	9	1.5	9	1.8	12	3.5	15	4.6	18	6.1	21	7.2	24	8.6	0	10.2	3	11.4	6	1.1	8	2.4
1972	12	4.2	15	5.8	17	6.5	20	8.0	23	9.1	26	10.6	1	11.8	4	1.5	8	3.3	10	4.5	14	6.2	16	7.3
1973	20	8.8	23	10.3	23	10.5	0	12.1	2	1.3	5	3.0	8	4.3	11	6.0	15	7.7	17	8.8	20	10.3	23	11.3
1974	26	12.8	2	2.4	3	2.8	6	4.5	9	5.8	12	7.6	15	8.8	18	10.3	21	11.8	24	12.9	0	2.4	2	3.6
1975	6	5.4	9	7.2	10	7.5	13	9.1	15	10.3	19	11.8	21	12.8	25	2.3	1	3.9	3	5.1	7	6.8	9	8.1
1976	12	9.8	16	11.4	17	12.2	21	1.6	23	2.7	27	4.3	2	5.5	5	7.2	9	9.0	11	10.3	14	11.9	17	1.0
1977	20	2.5	24	3.9	24	4.2	0	5.7	3	6.9	6	8.7	8	10.0	12	11.7	15	1.4	18	2.5	21	3.9	24	5.0
1978	0	6.5	3	8.2	3	8.5	7	10.3	9	11.6	13	1.3	15	2.5	19	4.0	22	5.5	24	6.5	0	8.1	3	9.3
1979	6	11.1	10	12.9	10	1.1	14	2.8	16	3.9	19	5.4	22	6.5	25	8.0	1	9.6	4	10.8	7	12.6	10	1.8
1980	13	3.6	16	5.1	18	5.8	21	7.3	24	8.4	0	10.0	2	11.2	6	12.9	9	2.7	12	4.0	15	5.6	17	6.7
1981	21	8.1	24	9.6	25	9.9	1	11.4	3	12.6	7	2.4	9	3.7	12	5.4	16	7.0	18	8.1	22	9.6	24	10.7
1982	0	12.2	4	1.9	4	2.3	7	4.0	10	5.3	13	7.0	16	8.2	19	9.6	23	11.1	25	12.2	1	1.8	4	3.0
1983	7	4.8	10	6.6	11	6.8	14	8.5	17	9.6	20	11.1	22	12.2	26	1.7	2	3.3	4	4.5	8	6.3	10	7.6
1984	14	9.3	17	10.8	19	11.5	22	13.0	24	2.1	0	3.7	3	4.9	6	6.7	10	8.5	12	9.7	16	11.3	18	12.3
1985	21	1.8	25	3.3	25	3.5	1	5.1	4	6.3	7	8.1	10	9.4	13	11.1	16	12.7	19	1.8	22	3.3	25	4.4
1986	1	6	4	7.6	5	8.0	8	9.8	11	11.1	14	12.7	16	1.8	20	3.3	23	4.8	26	5.9	2	7.5	4	8.7
1987	8	10.5	11	12.3	11	12.5	15	2.1	17	3.3	21	4.7	23	5.8	26	7.3	3	9.0	5	10.3	8	12.0	11	1.3
1988	14	3	18	4.5	19	5.2	23	6.7	25	7.8	1	9.4	3	10.6	7	12.4	10	2.2	13	3.4	16	4.9	19	6.0
1989	22	7.4	25	8.9	26	9.2	2	10.8	4	12.0	8	1.8	10	3.1	14	4.8	17	6.4	19	7.5	23	8.9	25	10.1
1990	1	11.7	5	1.4	5	1.7	9	3.5	11	4.8	15	6.4	17	7.5	20	9.0	24	10.4	26	11.5	2	1.2	5	2.4
1991	8	4.2	12	5.9	12	6.2	15	7.8	18	8.9	21	10.4	24	11.5	0	1.0	3	2.7	6	4.0	9	5.8	11	7.0
1992	15	8.7	18	10.2	20	10.9	23	12.3	26	1.4	2	3.1	4	4.3	8	6.1	11	7.8	13	9.0	17	10.6	19	11.6
1993	23	1.1	26	2.6	26	2.9	3	4.5	5	5.8	8	7.6	11	8.8	14	10.5	18	12.0	20	1.1	23	2.6	26	3.7
1994	2	5.4	5	7.1	6	7.5	9	9.2	12	10.5	15	12.1	18	1.2	21	2.6	24	4.1	27	5.2	3	6.8	5	8.1
1995	9	9.9	12	11.6	13	11.9	16	1.5	18	2.6	22	4.1	24	5.2	0	6.8	4	8.4	6	9.7	10	11.5	12	12.8
1996	15	2.4	19	3.8	20	4.5	24	6.0	26	7.1	2	8.7	5	10.0	8	11.8	12	1.5	14	2.7	17	4.2	20	5.3
1997	23	6.8	27	8.3	0	8.6	3	10.2	6	11.5	9	1.3	11	2.6	15	4.2	18	5.7	21	6.8	24	8.3	27	9.4
1998	3	11.1	6	12.9	6	1.2	10	2.9	12	4.2	16	5.7	18	6.8	22	8.3	25	9.7	0	10.9	4	12.5	6	1.8
1999	9	3.6	13	5.3	13	5.6	17	7.2	19	8.3	22	9.8	25	10.9	1	12.5	4	2.2	7	3.5	10	5.3	13	6.5
2000	16	8	19	9.5	21	10.2	24	11.6	27	12.8	3	2.4	5	3.7	9	5.5	12	7.2	15	8.4	18	9.9	20	11.0
2001	24	12.4	0	2.0	0	2.3	4	4.0	6	5.2	10	7.0	12	8.3	15	9.9	19	11.4	21	12.5	25	2.0	0	3.1
2002	3	4.8	7	6.6	7	6.9	10	8.6	13	9.8	16	11.4	19	12.5	22	1.9	26	3.4	1	4.6	4	6.2	7	7.5
2003	10	9.3	13	11.0	14	11.3	17	12.9	20	2.0	23	3.4	25	4.6	2	6.2	5	7.9	7	9.2	11	11.0	13	12.2
2004	17	1.7	20	3.2	22	3.8	25	5.3	0	6.4	3	8.1	6	9.4	9	11.2	13	12.9	15	2.0	19	3.6	21	4.6
2005	24	6.1	1	7.7	1	8.0	4	9.7	7	11.0	10	12.8	13	2.0	16	3.6	19	5.1	22	6.2	25	7.7	0	8.8
2006	4	10.5	7	12.3	8	12.6	11	2.3	14	3.5	17	5.1	19	6.1	23	7.6	26	9.1	1	10.3	5	12.0	7	1.2
2007	11	3	14	4.7	14	5.0	18	6.5	20	7.6	24	9.1	26	10.2	2	11.9	6	1.6	8	2.9	11	4.7	14	5.9
2008	17	7.4	21	8.8	22	9.5	26	11.0	1	12.1	4	1.8	7	3.1	10	4.9	13	6.6	16	7.7	19	9.2	22	10.3
2009	25	11.8	1	1.4	2	1.7	5	3.4	7	4.7	11	6.5	13	7.7	17	9.3	20	10.7	22	11.8	26	1.3	1	2.5
2010	4	4.2	8	6.0	8	6.2	12	8.0	14	9.2	18	10.7	20	11.8	23	1.3	27	2.8	2	4.0	5	5.7	8	7.0
2011	11	8.7	15	10.4	15	10.7	18	12.2	21	1.3	24	2.8	27	3.9	3	5.6	6	7.4	9	8.7	12	10.4	14	11.5
2012	18	1	21	2.5	23	3.1	26	4.6	1	5.8	5	7.5	7	8.8	11	10.6	14	12.2	16	1.4	20	2.9	22	4.0
2013	26	5.5	2	7.1	2	7.4	6	9.2	8	10.5	11	12.2	14	1.4	17	2.9	21	4.4	23	5.5	27	7.0	2	8.2
2014	5	9.9	8	11.7	9	11.9	12	1.7	15	2.8	18	4.4	21	5.5	24	6.9	0	8.5	3	9.7	6	11.4	8	12.7
2015	12	2.5	15	4.1	16	4.4	19	5.9	21	7.0	25	8.5	0	9.6	3	11.3	7	1.1	9	2.4	13	4.1	15	5.2
2016	18	6.7	22	8.1	23	8.8	27	10.3	2	11.5	5	1.2	8	2.5	11	4.3	15	5.9	17	7.1	20	8.6	23	9.7
2017	26	11.2	2	12.8	3	1.1	6	2.9	9	4.2	12	5.9	14	7.1	18	8.6	21	10.1	24	11.1	0	12.7	2	1.8
2018	6	3.6	9	5.4	9	5.6	13	7.3	15	8.5	19	10.0	21	11.1	25	12.6	1	2.2	3	3.4	7	5.2	9	6.5
2019	12	8.2	16	9.8	16	10.1	20	11.6	22	12.6	25	2.1	1	3.3	4	5.0	7	6.8	10	8.0	13	9.7	16	10.9

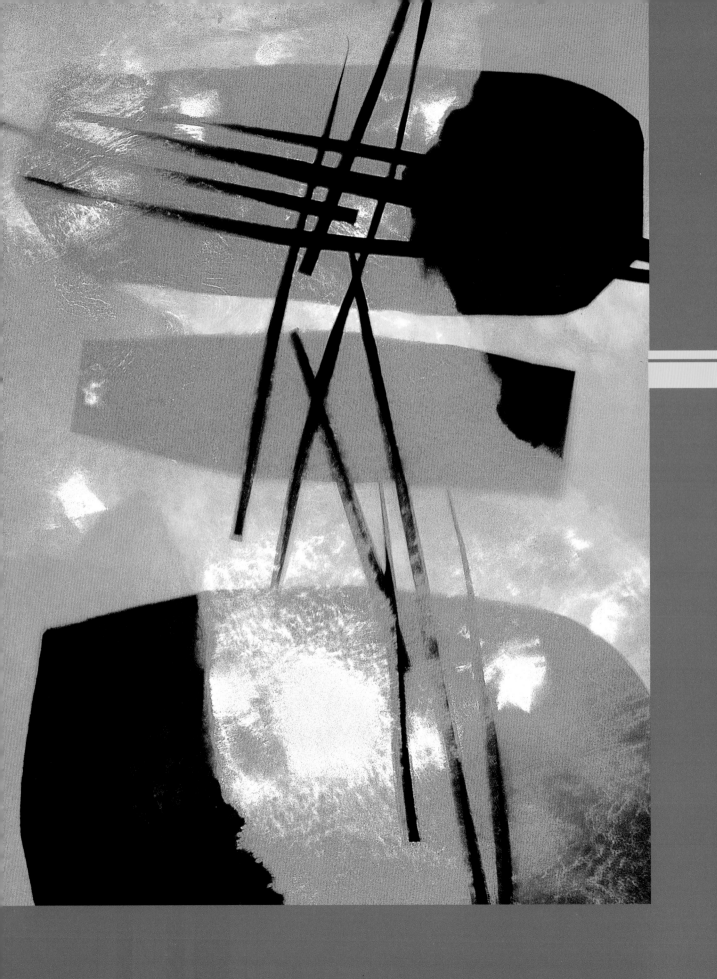

aries

cardinal, fuego, masculino

21 de marzo – 20 de abril

El 21 de marzo, la luz y la oscuridad encuentran el equilibrio perfecto. El día y la noche se equiparan al borde de un nuevo ciclo. El mundo está enroscado como un muelle, listo para desenrollarse. Aries es el líder, el primer signo del Zodíaco, el símbolo del poder ilimitado y la individualidad. Es un signo de comienzos frescos y nuevos inicios, de empeño y energía. La fuerza de Aries es su voluntad para asumir riesgos y dar órdenes. Sus virtudes son su honradez, entusiasmo y capacidad para inspirar a los otros 11 signos con su poderoso y exaltado ejemplo.

La tribu pawnee de EE UU llamaba a Marte — el planeta regente de Aries— "Gran Estrella" y lo retrataba como un guerrero feroz pintado de rojo. "Gran Estrella" deseaba casarse con "Estrella Brillante" (Venus), pero para impedirlo ella le impuso 10 desafíos imposibles. Como cabe suponer, él consiguió la doncella y de su unión surgió la humanidad y todos los bienes del mundo.

La leyenda griega de Jasón y el vellocino de oro es también un mito de Aries. Jasón le pidió a su tío Pelias su merecida mitad del reino de Tesalia. Pelías dijo que se la daría, pero con una condición: que Jasón le trajera el vellocino de un carnero dorado mágico que podía volar y tenía los poderes de la razón y el discurso. El vellocino era propiedad del rey Aetes (rey de La Cólquida), donde colgaba de un árbol vigilado por un dragón. Jasón navegó hasta La Cólquida con sus compañeros, los argonautas. Allí, Aetes accedió a darle el vellocino, pero le impuso una serie de desafíos. Afortunadamente para Jasón, la hija de Aetes, Medea, se enamoró de él y le ayudó con su magia. Jasón y Medea se casaron y fueron felices hasta que Jasón dejó a Medea por otra mujer. La venganza de medea fue cruel: asesinó a sus hijos y a la nueva mujer de Jasón.

La leyenda de los pawnee muestra la energía y el ingenio de Aries. Aunque Jasón es un líder fuerte y valiente, su historia demuestra que, por muy fuerte que se sea, no siempre podemos lograr el éxito solos. Su desgracia advierte de que no debemos llevarnos por delante a otros. Todos —pero Aries en especial— necesitamos reconocer que las otras personas tienen sentimientos y que pueden resultar heridos a causa de nuestras palabras o acciones.

líder
individual
autoritario
agresivo
dominante
polémico
victorioso
positivo
activo

rojo, hierro, rubí

Aries arranca toda la cadena de la existencia cósmica, así que, como cabría esperar, es el signo del renacimiento y los nuevos comienzos. Como signo cardinal regentado por Marte y el primero de los signos de Fuego, Aries representa la creatividad, el entusiasmo y la iniciativa. Es también el signo más fuerte del Zodíaco, lleno de impulso, ambición y, con frecuencia, muy impaciente con los otros. Después de todo, es normal que alguien que se considera un visionario fuerce la marcha al máximo, y puede dañar a los que se encuentra en su camino o que avanzan más despacio.

Tanto brío y decisión pueden convertir a los Aries en extremistas. Absorbidos por un impulso súbito o una idea nueva, pueden salir despedidos en cualquier dirección, poniendo toda su energía en su recién descubierta empresa. En el mundo laboral, Aries debería elegir una profesión que dé opción a sus aspiraciones y capacidad de liderazgo, ya que si se ve atrapado en un trabajo rutinario, la frustración aumentará y se manifestará en forma de depresión.

Como Aries es tan ambicioso, suele resultarle difícil enfrentarse al fracaso. Una lección que debe aprender es permitirse el fracaso. Tal vez le ayude aceptar que si sus planes no funcionan, podría ser en su propio beneficio, y quizá esté reservado para algo mejor. En caso de fracaso, una buena estrategia Aries consiste en permanecer al acecho de nuevas oportunidades y comenzar de nuevo en cuanto sea posible. Tal vez debería probar un enfoque distinto del esfuerzo. Siendo Aries, tarde o temprano hallará otro camino hacia el éxito.

La naturaleza del lado ambicioso de Aries supone que puede ser acusado de arrogancia, intolerancia, irritabilidad y comportamiento autoritario. La ambición también puede derivar en egoísmo y esto puede ser otra faceta oscura de su personalidad. La naturaleza obstinada de Aries –simbolizada en el carnero– puede tener

marte

La mayor parte de las asociaciones de Aries proceden de su planeta regente. Los antiguos astrólogos consideraban a este planeta, con su halo rojizo, caliente, agresivo y guerrero. Después de todo, Marte es el dios de la guerra. Así pues, no resulta sorprendente que Aries tenga fama de feroz y autoritario: un ambicioso que arrasa con todo en su camino. El psicólogo Carl Jung veía al mítico Marte como representación del lado masculino de la personalidad humana: algo que todos poseemos, ya seamos hombre o mujer.

como consecuencia hablar sin pensar o actuar sin considerar las consecuencias, una vez más con resultados problemáticos para los implicados. Personajes famosos nacidos con el Sol en Aries son: Bismarck (el "canciller de hierro" alemán), Vincent Van Gogh, Diana Ross, Hans Christian Andersen, Bette Davis, Alec Guiness, Harry Houdini, Henry James, Thomas Jefferson y Charlie Chaplin.

Las relaciones de Aries

Las personas que son felices transfiriendo la responsabilidad a otros pueden sentirse atraídas por la capacidad de liderazgo de Aries. Pueden descansar mientras Aries da órdenes, organiza su mente y les libera de la necesidad de tomar decisiones propias. La consecuencia es que Aries puede sentirse desbordado a medida que esto implica más responsabilidad.

Otro problema para Aries es que a veces tiene un punto de vista muy simple del mundo y, en consecuencia, a veces se forma impresiones unilaterales de las personas. Esto significa que con frecuencia idealiza a sus parejas, presionándolas en exceso. Cuando 2 personas se adoran mutuamente, pueden vivir en este mundo de ilusión durante un tiempo, pero no hace falta ser un genio para imaginar que, en cuanto Aries descubra que su pareja es humana, tardará poco en desilusionarse. Aries necesita recordar que los amados tienen pies de barro. Debe aprender a reconocer –y a amar– las debilidades de su pareja además de sus puntos fuertes.

En muchas relaciones resulta crucial la conservación de la paz y la armonía, pero un Aries puede tardar mucho en aprender esta simple verdad. Sus relaciones más fáciles suelen ser con los signos de Fuego. Aries y Leo tienen en

el carnero

La criatura de Aries es el carnero, animal conocido por sus cualidades atrevidas y testarudas, por eso se suele considerar a los Aries el tipo de personas que corren hacia donde otros temen avanzar. Los mitos y leyendas personifican a Aries en héroes y heroínas sobrehumanos y ambiciosos, que acometen búsquedas para erradicar el mal y lograr honra, fama y fortuna.

común la capacidad para barrer los cambios en sus vidas, mientras que Aries y Sagitario comparten un espíritu aventurero y un deseo de riesgo. Si 2 signos de Fuego exigen ser el centro de atención —algo que puede ser especialmente evidente en una relación entre 2 Aries— puede haber problemas. Entonces, ¿qué se puede hacer? Lo primero es que cada uno deje que el otro sea el centro de atención de vez en cuando, y aceptar que las prioridades del otro son tan válidas como las de uno mismo.

La relación clásica es la de un Aries con un Libra, un signo de Aire. Basándonos en el supuesto de que los opuestos se atraen, Aries encuentra refugio en los brazos tranquilizadores de Libra, el apacible entorno que crea y su grácil estilo de vida. En cambio, Libra puede quedar impresionado por la energía de Aries y su fe en sí mismo. Pero si los signos se pelean, Libra puede verse alienado por la implacable autoridad de Aries, mientras que éste comenzará a despreciar la falta de voluntad de Libra y su incapacidad para tomar decisiones. Las relaciones con los otros 2 signos de Aire, Géminis y Acuario, tienden a ser animadas. Las ideas de Géminis y Acuario combinan con el entusiasmo de Aries para formar una mezcla explosiva. Pero la atracción instantánea puede agotarse, a menos que ambos se preocupen de hacer que funcione la combinación.

Las relaciones de Aries con los 3 signos de Tierra —Tauro, Virgo y Capricornio— no son, en ocasiones, las más fáciles, principalmente porque la precaución natural de la Tierra choca con lo aventurero de Aries. Aun así, Tauro

estrategias vitales

- RECUERDE LA DIFERENCIA ENTRE SER FIRME (DEFENDER SUS PROPIAS IDEAS) Y SER AGRESIVO (INTIMIDAR A LA GENTE).

- ¿HA OFENDIDO A ALGUIEN ÚLTIMAMENTE, INCLUSO SIN PRETENDERLO? LLÁMELO POR TELÉFONO O ESCRÍBALE UNA CARTA. PREGÚNTELE SI SE SIENTE BIEN, Y PÍDALE PERDÓN DE FORMA SINCERA POR SU COMPORTAMIENTO.

- SEA CONSCIENTE DE CÓMO SUS PALABRAS Y ACCIONES PUEDEN AFECTAR A OTROS. INTENTE QUE NO SE SIENTAN DOMINADOS Y ASEGÚRESE DE QUE LES ESCUCHA DE VERDAD.

- RELÁJESE Y ESPERE A QUE OTRAS PERSONAS COMPRENDAN SUS PENSAMIENTOS Y ACCIONES, Y ANÍMELOS A ASUMIR MÁS RESPONSABILIADES. DE ESTA MANERA, NO SE SENTIRÁ AGOBIADO Y ELLOS APRENDERÁN QUE NO PUEDEN DEJAR QUE USTED RESUELVA TODO EN LA VIDA.

- RESPETE EL DERECHO DE LOS OTROS A TENER SUS PROPIAS NECESIDADES Y OPINIONES EN LUGAR DE ESPERAR QUE QUIERAN Y CREAN LO MISMO QUE USTED.

- SI ES USTED PADRE, OFREZCA ÁNIMO Y PACIENCIA A SU HIJO EN LUGAR DE REALIZAR JUICIOS RÁPIDOS ACERCA DE LO QUE ESTÁN HACIENDO MAL.

- Y, SOBRE TODO, SI NADIE A SU ALREDEDOR QUIERE TOMAR EL MANDO, ¡HÁGALO USTED!

puede proporcionar la estabilidad de la que Aries carece, mientras que Aries puede inyectar energía y ambición al estilo de vida estable de Tauro. Virgo se beneficia de la vitalidad que Aries aporta a la relación. A cambio, la impulsividad de Aries se ve matizada por la eficiencia y habilidades organizativas de Virgo. Capricornio aporta a Aries su sentido común y capacidad financiera, pero los 2 signos pueden chocar si ambos tratan de controlar el entorno doméstico.

Las relaciones de Aries con los 3 signos de Agua –Cáncer, Escorpio y Piscis– son bien distintas. Estos 3 son emocionales y sensibles, así que pueden lograr que Aries se sienta adorado, mientras que éste puede hacer al Agua consciente de sentimientos que desconocía. Pero el Agua puede sentirse herido por la insensibilidad de Aries, y éste puede hartarse de la aparente falta de iniciativa del Agua. Aries y Cáncer suelen chocar porque ambos creen que nacieron para dar órdenes. Con Aries y Escorpio puede haber riñas si Escorpio no dice lo que siente, y también si Aries da por supuesta la lealtad de Escorpio. En cambio, Aries y Piscis se alejan cuando Aries quiere que todo se haga a su manera. Piscis no estará de acuerdo y se encerrará en su propio mundo.

En general, una relación con un Aries tiene éxito cuando las diferencias entre las 2 personas se valoran tanto como las similitudes. Los Aries pueden ayudar a sus seres queridos potenciando su confianza, animándolos y

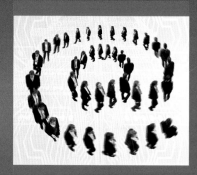  

alabándolos. Es una cuestión de dar amor, no de pedirlo. Al ser personas de extremos, los Aries pueden ser muy exigentes con los otros, pero también pueden dar tanto amor que llegue a ahogar a sus parejas. Y mientras Aries con frecuencia se descubre como un buen amigo, porque odia perder una batalla, también puede ser el peor enemigo: alguien con quien no debería cruzarse, si se puede evitar.

Pero aunque la mayoría de los Aries necesitan templar su energía irrefrenable con una mezcla de tacto y diplomacia, de vez en cuando deberían explotar y ser ellos mismos. Habrá tiempo más que suficiente para ser frío, tranquilo y comedido –como un buen Libra– una vez pasada la tormenta emocional.

La salud y el bienestar de Aries

En la astrología médica, Aries regenta la cabeza, así que las dolencias que Aries suele padecer incluyen dolores de cabeza y migrañas, así como problemas con los oídos, la nariz y la boca. Aries también puede tener problemas de salud derivados de su comportamiento testarudo y propiciador de accidentes, su tendencia al sobreesfuerzo y a asumir riesgos, y el estrés que provocan todas estas actividades.

El vino tinto y el chocolate –ambos estimulantes y tradicionalmente asociados con el signo de Aries– provocan migrañas, pero no siempre comprendemos las causas de los dolores de cabeza más cotidianos. Sin embargo, parece que muchos de ellos son propiciados por el estrés, de lo que se deduce que, para evitar los dolores de cabeza continuos, los Aries deberían adoptar sencillas precauciones para reducirlo. Un primer paso, por ejemplo, podría ser emular a Libra -el signo opuesto a Aries- e intentar llevar un estilo de vida equilibrado,

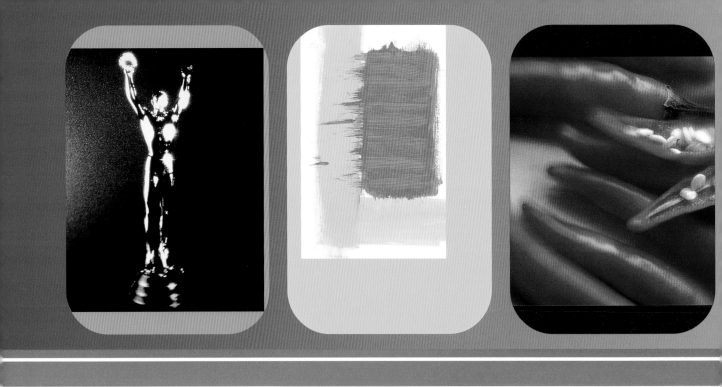

equiparando trabajo y relajación, actividad intelectual con ejercicio físico. Hoy en día sabemos que incluso media hora de ejercicio al día contribuye en gran manera a reducir los niveles de estrés.

Pero, ¿qué ejercicio elegir? La típica persona Aries suele ser apresurada, por lo que una actividad como correr parecería la ideal. Pero, en realidad, Aries necesita aprender a relajarse, así que le iría mucho mejor aficionarse a los paseos y disfrutar mientras tanto del paisaje y las vistas.

Los deportes competitivos son otra opción para los Aries, siempre orientados al éxito, ya que con frecuencia se deleitan con la oportunidad de ser ganadores. Pero inevitablemente, Aries no siempre se siente satisfecho con ser uno más del equipo. Sería mucho más feliz en un papel de líder, capitán o entrenador. Y si, durante un partido, Aries se estresa ante lo que considera incompetencia de otros jugadores –real o imaginada–, lo peor que puede hacer es iniciar una riña o enfrentamiento. Es entonces cuando puede surgir el estrés. En su lugar, una sesión en el gimnasio golpeando un saco de arena es una manera saludable de eliminar la ira. Y si Aries se ha comportado mal con otro jugador, debería ofrecer una disculpa sincera, por muy difícil que le resulte.

Al ser un signo enérgico, Aries gusta de estimulantes ricos en cafeína como el café y el té. No hay nada de malo en tomarlos, pero los adictos –nacidos o no bajo el signo de Aries– deberían intentar funcionar sin cafeína y dejar que su energía natural les impulse. De este modo pueden evitar el típico "bajón" a última hora de la tarde, cuando los niveles de azúcar descienden y el cansancio aumenta. No obstante, si reconoce ser un adicto a la cafeína, es importante que la abandone poco a poco.

Como viven apresurados, los Aries también tienden a comer demasiado deprisa, y este hábito causa con frecuencia indigestión. La solución evidente para cualquiera que haga esto es masticar los alimentos despacio.

Aries se siente feliz en entornos desahogados, claros y limpios. Si hay mucho desorden, puede sentirse deprimido o rodeado. Es como si el desorden simbolizara el peso de las responsabilidades que se acumulan en el transcurso de una vida. Para restaurar su equilibrio y conservar su independencia y sensación de libertad, a Aries le gustaría barrer su casa y deshacerse de lo superfluo. Una limpieza de este tipo no sólo ayuda a crear el entorno ordenado que Aries prefiere, sino que proporciona una especie de renovación espiritual. Y si Aries se ve importunado por la sensación de que vive en medio de una decoración recargada y con colores "excesivos", podría adoptar la medida más drástica de redecorar utilizando colores atrevidos o blanco. Con un lienzo blanco de fondo, el escenario está listo para que Aries comience de cero.

festividades

Aunque en el calendario occidental moderno comenzamos el año en enero, en medio del invierno, muchas sociedades, como la de la antigua Babilonia, comenzaban el suyo en el equinoccio de primavera. Los astrólogos también comienzan la rueda del Zodíaco en el equinoccio de primavera, cuando el día y la noche duran exactamente lo mismo. Los astrólogos llaman a este momento "el primer punto de Aries". Aunque la idea de que el año comience con el equinoccio de primavera se ha perdido hace ya mucho tiempo, nos queda una reliquia de ella ya que, en muchos países, el año financiero comienza y acaba en abril.

Pero el equinoccio de primavera es mucho más que un momento para cerrar el año financiero. En muchas religiones se trata de un acontecimiento de gran relevancia religiosa que simboliza renovación, liberación de la oscuridad a la luz, o muerte seguida de resurrección, temas de Aries estudiados a finales del siglo XIX por el escritor James Frazer. En su obra *The Golden Bough*, Frazer concluye que el tema del dios agonizante que aparece en religiones de todo el mundo es parte de la misma historia, que celebra el renacimiento del Sol y el comienzo de un nuevo ciclo en la Naturaleza.

La festividad de la Pascua judía es una de estas historias de renacimiento. Comienza con la luna llena que sigue al equinoccio de primavera, y conmemora el éxodo de los judíos esclavos de Egipto. La recién hallada libertad de los judíos puede interpretarse no sólo como un renacimiento físico, sino también espiritual.

El Akitu era una festividad de 12 días celebrada en el equinoccio de primavera en la época de los antiguos babilonios. Primero había 4 días de purificación, seguidos de 1 día de expiación cuando la población lloraba la

aire fresco de Aries

La celebración de la Pascua y la Pascua judía incluye el consumo comunal de pan y vino, simbolizando el vínculo de amistad que surge al compartir los alimentos. Celebre el equinoccio de primavera y, con él, la llegada de un nuevo ciclo preparando una comida para la familia y amigos con ingredientes frescos, tal vez aliimentos que usted mismo haya cultivado. Decore el hogar con flores para dar la bienvenida al nuevo año.

muerte de su dios supremo, Marduk. A continuación, había 3 días de gran conmoción en las calles mientras la gente buscaba a su dios por todas partes. Al acabar estos 3 días, Marduk era "rescatado del inframundo", un acontecimiento que era seguido por una celebración pública en la que se paseaban en procesión estatuas de los dioses y consultaban los oráculos para ver qué deparaba al pueblo el año siguiente. Era tal la importancia del Akitu, que los babilonios devotos creían que las distintas ocupaciones que Babilonia sufrió a manos de sus enemigos -como, por ejemplo, cuando fueron derrotados por los asirios-, eran consecuencia de no haber celebrado la festividad con regularidad. Según ellos, los dioses iracundos habían abandonado a los babilonios a su destino.

Está claro que los patrones míticos de las celebraciones más antiguas de Pascua y Akitu sustentan el cumplimiento de la Pascua: la conmemoración de la crucifixión de Cristo el Viernes Santo y su resurrección el Domingo de Pascua. La idea de la fertilidad y el interminable ciclo de la Naturaleza están contenidos en el vocablo inglés para la Pascua, "Easter", que procede del nombre de la diosa teutona Eostre, del que también deriva la palabra "estrógeno" (la hormona femenina). De hecho, los huevos como símbolo de fertilidad y del ciclo de la vida aparecen en las historias del equinoccio de primavera. Era costumbre organizar juegos en honor a Eostre: una persona escondía huevos y el resto los buscaba. Dar huevos de chocolate a los niños en Pascua es el legado más popular de esta costumbre pagana, mientras que la cena de la Pascua judía incluye huevos cocidos como símbolo de la renovación y la continuidad de la vida.

Aries nos enseña a ser valientes y tener energía

una meditación

ESTA MEDITACIÓN AYUDA A ARIES A DESTERRAR VÍNCULOS CON EL PASADO QUE PUEDEN INTERPONERSE ANTE TODOS ESOS NUEVOS COMIENZOS. EL PROFESOR INDIO BAGWAN SRI RAJNEESH CREÍA QUE LOS OCCIDENTALES NO ERAN CAPACES DE PERMANECER QUIETOS EL TIEMPO SUFICIENTE PARA MEDITAR. ÉSTE ES UN PROBLEMA TÍPICO DE ARIES, AUNQUE COMPARTIDO POR MUCHOS QUE NO HAN NACIDO BAJO ESTE SIGNO. ASÍ QUE, SI MOVERSE LE AYUDA, HÁGALO.

Cierre los ojos y concéntrese en respirar despacio y profundamente. Imagine que está rodeado de una luz blanca y el vacío absoluto. Imagine, una por una, sus posesiones, compromisos y relaciones. ¿Cómo siente cada una? ¿Tiene color, forma u olor? ¿Le ata al pasado? ¿Le apoya o le hace sentir atrapado? Poco a poco, cuando esté preparado, cambie las imágenes que asocia con cada una de ellas: su aspecto, color, sonido u otras sensaciones. Al hacerlo, debería comenzar a tener una sensación de control. Después, si lo desea, elimine por completo las imágenes de su mente hasta que lo único que quede sea el vacío blanco. Cuando sienta que está preparado, abra los ojos. Se sentirá más positivo respecto a su capacidad para realizar mejoras en su vida. Ya no tendrá la sensación de verse atado por las elecciones tomadas en el pasado o por circunstancias heredadas que le rodean.

constelación

PARA UN SIGNO TAN IMPORTANTE, LA CONSTELACIÓN DE ARIES ES UNA DE
LAS MÁS PEQUEÑAS. SUS ESTRELLAS SON DIFÍCILES DE AVISTAR A NO SER EN
REFERENCIA A SU VECINA MÁS GRANDE, LA CONSTELACIÓN DE PISCIS, Y SON
PRÁCTICAMENTE IMPOSIBLES DE VER CUANDO LAS LUCES DE LA CIUDAD OSCURECEN EL
CIELO NOCTURNO. ALGUNOS CREEN QUE ARIES FUE UNA DE LAS ÚLTIMAS CONSTELACIONES
EN SER CREADA, POR LO QUE NO QUEDABA DEMASIADO ESPACIO EN LOS CIELOS, PERO OTROS
VEN CIERTO SIMBOLISMO EN EL HECHO DE QUE SEA TAN DIFÍCIL DE ENCONTRAR. VEN A
ARIES COMO UNA CONSTELACIÓN QUE SURGE DE LA NADA, IGUAL QUE EL EQUINOCCIO DE
PRIMAVERA: UNA VEZ MÁS, EL UNIVERSO RENACE Y LA LUZ EMERGE DE LA OSCURIDAD DEL
INVIERNO.

para ser emprendedores y tomar la iniciativa

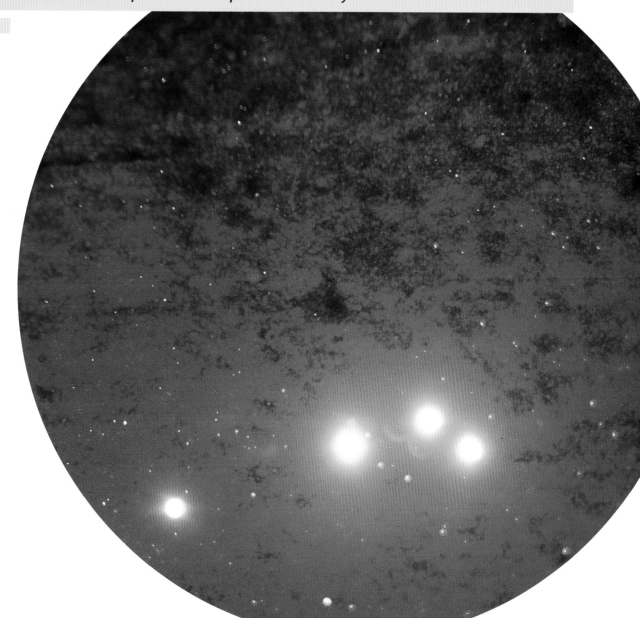

tauro

fijo, tierra, femenino

21 de abril – 21 de mayo

EN TAURO, EL VIAJE SOLAR INICIA UNA FASE DE FERTILIDAD Y LAS INICIATIVAS PUESTAS EN MARCHA EN ARIES COMIENZAN A ENRAIZAR Y DESARROLLARSE. TAMBIÉN TIENE RELACIÓN CON LAS POSESIONES MATERIALES Y EL PLACER FÍSICO. LAS PERSONAS NACIDAS BAJO EL SIGNO DE TAURO A VECES SE VEN FRENADAS POR SU OBSTINACIÓN Y SU NEGATIVA A ASUMIR RIESGOS. SUS PUNTOS FUERTES SON SU GRAN DETERMINACIÓN PARA CONTINUAR UNA ACCIÓN EN MEDIO DE LA ADVERSIDAD, Y SU CAPACIDAD PARA CONSERVAR LO MEJOR DEL PASADO.

LOS MITOS DE TAURO ESTÁN LLENOS DE HISTORIAS RELACIONADAS CON TOROS. EL ANTIGUO TORO DEL CIELO BABILONIO ERA UNA BESTIA DESTRUCTIVA CREADA POR ANU, EL DIOS DEL CIELO, PARA SU HIJA, ISHTAR. FUE DERROTADO POR EL REY GILGAMESH, QUIEN EXTRAJO EL CORAZÓN DEL TORO Y LO OFRECIÓ A SHAMASH, DIOS DEL SOL.

EN LA MITOLOGÍA GRIEGA, EL MINOTAURO ERA MITAD HOMBRE, MITAD TORO. VIVÍA EN EL INTERIOR DE UN LABERINTO EN LA ISLA DE CRETA Y CADA AÑO DEVORABA A 7 JÓVENES Y 7 MUCHACHAS ENVIADAS POR LOS ATENIENSES COMO TRIBUTO A SU SEÑOR, EL REY MINOS DE CRETA. TESEO, HIJO DEL REY DE ATENAS, JURÓ ACABAR CON LA MATANZA. UTILIZANDO UN OVILLO DE LANA QUE DESENROLLÓ MIENTRAS SE ADENTRABA EN EL LABERINTO Y CUYO RASTRO SIGUIÓ PARA REGRESAR, TESEO LOGRÓ MATAR AL MINOTAURO. EL REY MINOS TAMBIÉN POSEÍA UN TORO CON LA ESTRELLA ALDEBARÁN EN LA FRENTE. CUANDO MINOS INCUMPLIÓ UN ACUERDO PARA SACRIFICAR AL TORO EN HONOR A POSEIDÓN, ÉSTE HIZO QUE EL TORO SE VOLVIERA LOCO Y ARRASARA LA ISLA DE CRETA, DESTRUYENDO TODO LO QUE HALLABA A SU PASO. DESESPERADO, MINOS RECURRIÓ A HÉRCULES, EL CONCILIADOR DE LA ANTIGÜEDAD, QUIEN CAPTURÓ AL TORO, LIBRANDO ASÍ A MINOS DE SU TERRIBLE PROBLEMA.

LA MUERTE O CAPTURA DEL TORO DE ESTAS HISTORIAS SIMBOLIZA LA DERROTA DE LA OSCURIDAD DEL INVIERNO A MANOS DE LAS FUERZAS DE LA LUZ. TAMBIÉN REPRESENTA LA DERROTA DE LA "BESTIA INTERIOR": EL TRIUNFO DE LA RAZÓN SOBRE LA FUERZA BRUTA, O UNA METÁFORA DEL PROGRESO QUE HACEMOS DESDE QUE SOMOS BEBÉS INDEFENSOS (A MERCED DE NUESTRAS NECESIDADES) HASTA QUE NOS CONVERTIMOS EN MIEMBROS DE LA SOCIEDAD, CONSCIENTES DE LAS NECESIDADES DE OTROS. TAMBIÉN PUEDE INTERPRETARSE A UN NIVEL MÁS ESPIRITUAL: DEBEMOS APRENDER A SUPERAR LOS DESEOS TERRENALES Y A SUSTITUIRLOS POR UNA ILUMINACIÓN ESPIRITUAL.

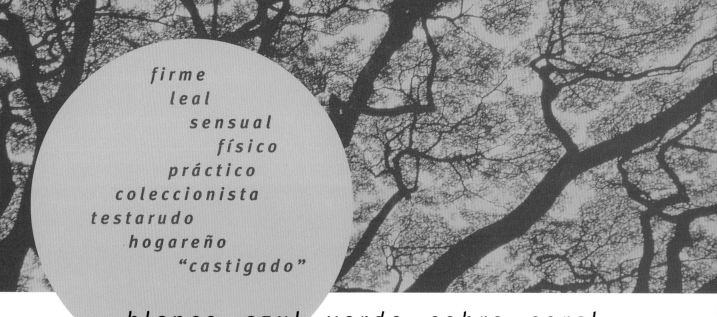

firme
leal
sensual
físico
práctico
coleccionista
testarudo
hogareño
"castigado"

blanco, azul, verde, cobre, coral

El animal de Tauro, el toro, representa muchas de las características asociadas con su signo. Es una bestia enorme y pesada que puede ser firme y estable, e incluso torpe en un instante, pero destructiva y salvaje al momento. Aun así se dice que Tauro es fiel, leal e inquebrantable, y muchos que han disfrutado de la amistad de un Tauro no desearían un compañero mejor. La constancia de los Tauro –después de todo, es un signo fijo– también significa que Tauro tiende a aferrarse al pasado. Esto tiene su lado positivo: Tauro es bueno conservando lo mejor del pasado. La contrapartida, claro está, es que Tauro demuestra en ocasiones un apego obstinado por modos de actuar negativos, negándose a ver el punto de vista de otros, o a realizar mejoras necesarias a simple vista.

Tauro también se clasifica como un signo de Tierra y está regentado por Venus, el planeta del amor y el cariño, de ahí su reputación terrenal y sensual, y sus asociaciones con la fertilidad. La Tierra y Venus también confieren un amor por la belleza, un aprecio por las artes y un gusto por la indulgencia. Esto último puede expresarse de varias maneras. Tauro puede ser un glotón o un *gourmet*; él o ella pueden estar preocupados por la búsqueda del placer privado o pueden desear proporcionar disfrute a otros. En algunos casos, el entusiasmo de Tauro por el consentimiento excesivo puede manifestarse en forma de materialismo y, cuando esto ocurre, presentan la desconcertante costumbre de juzgar a las personas por su apariencia o el tamaño de su cuenta bancaria. Para contrarrestar esta tendencia, Tauro podría seguir el ejemplo de Escorpio, su signo opuesto. Escorpio no se deja impresionar por el materialismo: le interesan mucho más las personas que expresan sus pensamientos y sentimientos de forma apasionada.

La Tierra, al igual que el toro o la vaca, aporta asociaciones de pesadez, solidez y pasividad. Pero acusar a Tauro de inercia, de esperar siempre que otros den el primer paso, suele ser un error. Si Tauro parece moverse al son

de lo que otros quieren, puede que sea porque no se siente lo bastante inspirado por las alternativas que se ofrecen... O tal vez sea porque carece de confianza para expresar sus propios deseos.

La Tierra también confiere habilidades prácticas. Esto significa que los Tauro suelen ser realistas al considerar lo que pueden lograr en la vida, pero también confiere destreza en el sentido de ser bueno a la hora de arreglar y hacer cosas. Los Tauro quizá carecen de un poco de creatividad. Por este motivo dirigen su mirada hacia los 2 signos situados a medio camino entre Tauro y Escorpio. El primero, Leo, puede enseñar a Tauro cómo ser creativo con brillantez, mientras que el segundo, Acuario, puede mostrarle cómo abrir la mente a nuevas posibilidades.

Algunos personajes famosos, pasados y presentes, que nacieron con el sol en Tauro son: el último zar de Rusia, Nicolás II, Salvador Dalí, Barbara Streisand, William Shakespeare, Shirley Temple, Al Pacino y Karl Marx.

Las relaciones de Tauro

Con Venus como planeta regente, Tauro es un signo sociable y amistoso, mientras que, como signo de gratificación sensual, puede ser una pareja excitante. Sin embargo, cuando Tauro pone más énfasis en recibir placer que en proporcionarlo, las relaciones pueden hacerse difíciles. Tarde o temprano, sus parejas se sentirán ignoradas; así pues, los Tauro deberían realizar un esfuerzo consciente por hacer que se sientan amadas y apreciadas.

El excesivo valor que Tauro da al materialismo y a las apariencias puede influir en sus relaciones. Puede, por ejemplo, llevar a Tauro a realizar juicios superficiales acerca de las personas y, en ocasiones, es posible que

venus

REGIDO POR VENUS, EL PLANETA
—Y LA DIOSA— DEL AMOR, TAURO ES
UN SIGNO DE GRATIFICACIÓN SENSUAL Y
AUTOINDULGENCIA. VENUS ERA
CÉLEBRE POR SUS NUMEROSAS
AVENTURAS AMOROSAS.

el toro

TAURO ESTÁ REPRESENTADO POR EL TORO, UNA BESTIA
PODEROSA QUE TARDA EN REACCIONAR PERO QUE, UNA VEZ
PROVOCADA, ES ATERRADORA. LA IMAGEN DE LA EMBESTIDA DE
UN TORO REFLEJA A LA PERFECCIÓN A LOS TAURO ENFADADOS.
PARADÓJICAMENTE, TAURO TAMBIÉN PUEDE SER TERCO. CUANDO
SE SIENTE MOLESTO POR ALGO O ALGUIEN, PUEDE GUARDAR
SU RESENTIMIENTO DURANTE AÑOS. SU TERQUEDAD EN
OCASIONES LE LLEVA A NEGARSE A CAMBIAR DE
ACTITUD, AUN CUANDO EL CAMBIO LE
RESULTE NECESARIO.

también a tratar a su pareja como una posesión más, una de la que siente celos obsesivos. Sea cual sea la forma que adopte el materialismo, es la receta para el desastre. Tauro debería esforzarse por comprender al ser amado y respetar su independencia.

Ningún astrólogo espera que surjan chispas cuando se unen dos Tauro ya que, después de todo, cuando 2 individuos firmes como una roca y amantes de la seguridad forman una relación, el resultado debería ser más estabilidad y seguridad. Pero las cosas no siempre funcionan así, pues cuando 2 personas obstinadas tienen ideas opuestas, quizá les resulte imposible comprometerse. Por lo tanto, no hay manera de predecir si 2 Tauro se enamorarán locamente o sentirán antipatía mutua.

Las relaciones con Virgo y Capricornio, los otros 2 signos de Tierra, suelen ser más fáciles, en parte debido a que comparten suficientes similitudes para lograr un acuerdo cuando resulta necesario, pero también porque disfrutan de las distintas perspectivas que cada uno aporta a la relación. Tauro, Virgo y Capricornio poseen cualidades conservadoras y una disposición práctica; Tauro aporta estabilidad a la relación, mientras que Virgo contribuye con su habilidad para tratar los detalles y Capricornio su buen sentido empresarial.

Las relaciones de Tauro con los signos de Agua −Escorpio, Cáncer y Piscis− pueden ser cercanas y afectuosas. De ellas, las relaciones con Escorpio pueden ser las más compulsivas por tratarse de signos opuestos. Las fuerzas

- No olvide que la seguridad verdadera tiene su origen en la confianza en uno mismo, y no en la riqueza o la comodidad material.

- Quizás sea demasiado pasivo y puede que, en ocasiones, haya permitido que alguien se meta en su camino simplemente por callarse. Con el tiempo se ha arrepentido, así que la próxima vez que se encuentre en una situación parecida, procure expresar su opinión y asegúrese de que sus sentimientos se tienen en cuenta.

- Sea el dueño de sus posesiones. No deje que éstas le dominen.

- El dinero es importante para usted, pero no se deje absorber por un estilo de vida estresado y dominado por el trabajo, sólo porque considera necesario ganar dinero. Tal vez sea más saludable hallar una línea de trabajo más satisfactoria o creativa, aunque sea a costa de ganar menos y recortar gastos.

- Recuerde sus puntos fuertes —fiabilidad y sentido realista de lo que puede lograr— y céntrese en ellos para conseguir una sensación de seguridad para su familia y amigos.

- Si le asusta el cambio, plantéese qué aspecto del cambio propuesto le alarma. Una vez hallado el verdadero problema, habrá dado el primer paso para solucionarlo. Coméntelo con la gente y compruebe si, sacándolo a la luz, logra que su ansiedad disminuya.

de uno compensan las debilidades del otro.

Escorpio aporta la dimensión interior y la intensidad emocional, mientras que Tauro trata con la realidad exterior y las exigencias de la vida cotidiana. Tanto Escorpio como Tauro se comprometen a largo plazo, pero el equilibrio es delicado y, si el signo falla, Tauro puede llegar a aburrirse de los antojos de Escorpio mientras que éste puede desilusionarse al contemplar la superficialidad de Tauro.

Las relaciones con Cáncer y Piscis suelen ser menos compulsivas y menos pasionales, pero casi siempre derivan en amistades duraderas. Tauro aporta a estos 2 signos estabilidad y la sensación de que siempre estará a su lado, mientras que ellos dan a Tauro cierto propósito emocional y sentido vital.

Los tres signos de Aire –Géminis, Libra y Acuario– miran a Tauro con desconcierto frecuentemente. Estos 3 signos ocupan el terreno de las ideas y la comunicación, por lo que a veces

no coinciden con los objetivos hacia los que apunta Tauro, con su sensualidad terrenal. Pero estas diferencias pueden ser el caldo de una buena relación. Géminis aportará su sentido de curiosidad vital a una relación con Tauro. Libra –el signo de Aire más parecido a Tauro– contribuirá con su capacidad para amoldarse a un entorno armonioso. Y Acuario desafiará a Tauro a enfrentarse a nuevas ideas o a experimentar con un nuevo y fresco estilo de vida.

Las relaciones de Tauro con los 3 signos de Fuego –Aries, Leo y Sagitario– no son precisamente sencillas, pero pueden resultar sorprendentemente exitosas. Aries puede encontrar frustrante la precaución de Tauro, mientras que a Tauro le fastidia el autoritarismo de Aries, su excesiva predisposición a asumir riesgos y su negativa a considerar los hechos. Por otra parte, Tauro aporta a Aries estabilidad emocional y Aries contribuye con sus instintos aventureros, su ambición y su entusiasmo. Tanto Tauro como Leo son signos obstinados, así que siempre que compartan una meta común, se llevan a las mil maravillas, pero en cuanto sus aspiraciones divergen, pueden fracasar. Tauro y Sagitario pueden funcionar a la perfección siempre que cada uno respete las diferencias del otro, como el hecho de que Sagitario probablemente desee rodar por el mundo, mientras que Tauro preferirá quedarse en casa. Los 2 tendrán que encontrar una forma de solucionar esto.

La salud y el bienestar de Tauro

Una salud de hierro y una constitución fuerte son rasgos frecuentes de la personalidad de Tauro. Sin embargo, Tauro posee tradicionalmente una asociación especial con la garganta y el cuello (las personas nacidas con este signo en su carta suelen ser buenos cantantes o, al menos, disfrutar cantando; de ahí que la típica queja de Tauro sea el dolor de garganta). En la tradición médica antigua, el dolor era considerado una queja "caliente" y estaba asociado a los

planetas ardientes. Algunas formas de curación como la homeopatía sugieren que la cura para el dolor es utilizar remedios ardientes de Marte, siguiendo la creencia de que los remedios "calientes" anulan la queja "caliente". Así pues, el remedio clásico para el dolor de garganta es cortar una cebolla en rodajas finas y cubrirla con miel. Después, se bebe el líquido resultante del zumo que rezuma la cebolla en la miel; se dice que proporciona alivio instantáneo. Un efecto similar aporta el té de jengibre y miel, preparado preferiblemente con raíz de jengibre recién cortada.

Con su tendencia a la solidez, pasividad y placidez, Tauro no suele asociarse con el ejercicio vigoroso, por lo que los deportes que requieren agresión o velocidad, agotan al pobre Tauro. En cambio, los ejercicios suaves como el Tai Chi le van mejor. De hecho, muchos Tauro son más felices manteniéndose en forma sin hacer nada de deporte. Estas personas prefieren la jardinería, una actividad clásica de Tauro. Pero la triste realidad es que la debilidad más conocida de Tauro es su pereza, lo cual se traduce en que su actividad favorita a menudo sea echar una siesta en una cómoda butaca. Aunque esto no sirva de mucho al metabolismo de Tauro, los nacidos bajo este signo suelen beneficiarse del hecho de estar más relajados y ser menos propensos al estrés que los signos más energéticos.

Como Tauro es dado a excederse con la comida y la bebida, debe cuidar su sistema digestivo. Un primer paso puede ser sustituir los alimentos grasos por ensaladas y carnes magras, y evitar el consumo excesivo de alcohol. Afortunadamente para ellos, los Tauro suelen comer despacio, lo cual asegura una buena digestión.

Como amante de la comodidad y la belleza, Tauro está muy interesado en su entorno. Aprecia las cualidades tranquilizadoras de los colores armoniosos –marrones y verdes suaves, mezclados tal vez con un poco de

blanco– y disfruta al verse rodeado de escenarios verdes y flores blancas y amarillas. También le gustan las flores que poseen un aroma dulce para elevar el espíritu y contribuir a la sensación de bienestar. En el hogar, el mobiliario cómodo probablemente sea su gran prioridad, aunque también lo es verse rodeado de objetos hermosos, sobre todo si éstos tienen valor sentimental. Muchos Tauro odian tirar incluso las cosas viejas e inservibles. El resultado es que los hogares Tauro pueden recordar museos de objetos maravillosos y raros recogidos de todas partes, aunque entre todo ello suele prevalecer la comodidad.

aire fresco
de Tauro

AL TRATARSE DE UN SIGNO DE TIERRA, TAURO ESTÁ CONECTADO

CON LA FERTILIDAD. ESTO, SUMADO A SU NATURALEZA PRÁCTICA,

SIGNIFICA QUE LOS TAURO SON AFICIONADOS A LA JARDINERÍA. DESARROLLE

EL TAURO QUE HAY EN USTED PRACTICANDO LA JARDINERÍA. EN EL

HEMISFERIO NORTE, ES LA ÉPOCA IDEAL PARA PLANTAR SEMILLAS.

VERLAS CONVERTIRSE EN PLANTAS ES UNA MARAVILLOSA

FORMA DE ESTAR EN CONTACTO CON LA TIERRA Y LOS

RITMOS DE LA NATURALEZA. NO HACE FALTA UN

JARDÍN PARA SER JARDINERO: BASTARÁ

CON UNA MACETA O UN ALFÉIZAR

SOLEADO.

festividades

Como Tauro es un signo indulgente y amante del placer,
no resulta sorprendente que su época del año –y mayo en particular–
sea un tiempo de muchos festejos. El "Día de Mayo" es un día cuyas tradiciones de placer desenfrenado han
perdurado en la época moderna en la celebración del 1 de mayo como el día de los trabajadores. Antes de la
caída del comunismo, el Día de Mayo se celebraba con grandes desfiles militares en la Plaza Roja de Moscú.

Los orígenes del Día de Mayo se remontan a Beltane, la antigua festividad celta fijada para el 30 de abril o el 1 de
mayo, a medio camino entre el equinoccio de primavera y el solsticio de verano. La palabra Beltane deriva de "Bel"
(que significa "brillante" o "resplandeciente"), una deidad solar celta, y de "tane", que significa "fuego". Una
costumbre de Beltane consistía en hacer pasar ganado entre 2 fuegos en un rito purificador y como protección contra
la enfermedad. Otra teoría es que "tane" deriva de "dine", que significa "ganado", porque los terneros se sacrificaban
en este día. Sea como fuere, las celebraciones del Día de Mayo siempre fueron actos desenfrenados en los que se
rompían los tabúes sexuales. Este aspecto del Día de Mayo aporta otra conexión con Tauro como signo de fertilidad.

La mayor

festividad religiosa Tauro

–que tiene lugar en la luna llena

de Tauro– es la celebración del nacimiento, iluminación y muerte de Buda. Esta festividad, conocida como Vesak, Wesak o Vaisaka, es la fecha más sagrada del calendario budista. La festividad incluye la liberación de aves, que simbolizan la conexión de la humanidad con el orden cósmico y la ascensión de las ideas al cielo. En Malaisia, se liberan palomas blancas mientras los celebrantes se reúnen al atardecer en los templos para las ceremonias religiosas. En Sri Lanka, se encienden antorchas como símbolo de iluminación. Durante la festividad, se recuerda la iluminación y enseñanza de Buda, quien afirmó que todo el sufrimiento es consecuencia del deseo. A Tauro le vendría bien darse cuenta de que quizá algunos de sus problemas estén causados por la avaricia y la frustración.

una meditación

Tauro necesita un estilo de vida pausado y no suele estar de acuerdo con las exigencias de la vida moderna. Esta meditación es perfecta para los Tauro que sufren los excesos de las presiones familiares y profesionales.

Túmbese o siéntese cómodamente y cierre los ojos. Imagine su vida diaria: el sonido del despertador, el trayecto al trabajo, los atascos, los autobuses y trenes saturados de gente, las reuniones, llamadas y plazos. Imagine ahora que camina por una calle de la ciudad. Poco a poco observa que hay menos personas y coches, menos ruido y jaleo.

Da la vuelta a la esquina y los edificios se acaban. Lo único que queda son unas cuantas casas de campo. Ante usted sólo hay prados y bosques. Hay hierba alta, flores silvestres, setos y árboles. Los pájaros vuelan por encima de su cabeza. Camina sin rumbo respirando el aire fresco, y luego se tumba en la hierba a descansar. Cuando esté preparado, vuelva lentamente a la ciudad. Una vez allí, el ajetreo urbano ya no le molestará. Puede hacer frente a las exigencias de su tiempo porque su paraíso rural vive en su interior, y puede regresar a él siempre que lo desee.

constelación

Tauro, el toro del cielo, es una de las constelaciones más visibles. Sus elementos más brillantes son las 6 (algunos dicen 7) estrellas de las Pléyades, muy fáciles de avistar en el cielo vespertino en otoño e invierno. Justo a la izquierda de las Pléyades está el gran triángulo de estrellas que representa la cabeza y los cuernos del toro, de las cuales la más famosa es Aldebarán, el "ojo del toro".

Tauro nos asoma al mundo de la creatividad y a los placeres de la vida

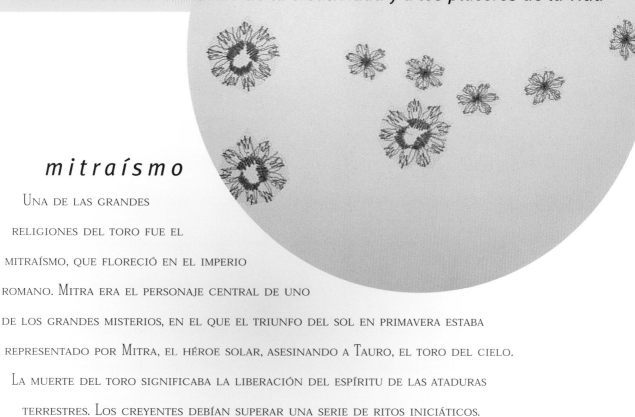

mitraísmo

Una de las grandes religiones del toro fue el mitraísmo, que floreció en el imperio romano. Mitra era el personaje central de uno de los grandes misterios, en el que el triunfo del sol en primavera estaba representado por Mitra, el héroe solar, asesinando a Tauro, el toro del cielo. La muerte del toro significaba la liberación del espíritu de las ataduras terrestres. Los creyentes debían superar una serie de ritos iniciáticos. Se creía que después de la prueba final —los rituales de Saturno— el alma entraba en contacto con las estrellas; entonces, los iniciados habrían alcanzado un estado de iluminación o de unión con Dios.

géminis

mutable, aire, masculino

22 de mayo – 20 de junio

GÉMINIS ES EL SIGNO DE LOS GEMELOS, EL SIGNO EN EL QUE EL SOL ALCANZA LA FASE EN LA QUE SE IDENTIFICAN LAS DISTINTAS OPCIONES DE LA VIDA. EXPLORA POSIBILIDADES NOVEDOSAS Y DA RESPUESTAS NUEVAS A VIEJOS PROBLEMAS. GÉMINIS TAMBIÉN REPRESENTA LA DUALIDAD EN TODOS LOS CAMPOS: EN LO MORAL, LO BUENO ENTRA EN CONFLICTO CON LO MALO; EN LO RELIGIOSO, LOS DIOSES LUCHAN CON LOS DEMONIOS; Y EN LO PSICOLÓGICO, LAS ELECCIONES CONSCIENTES COMPITEN CON LOS INSTINTOS INCONSCIENTES. LOS PUNTOS DÉBILES DE LOS GÉMINIS SON SU TENDENCIA A DEJARSE LLEVAR POR OPCIONES IRRECONCILIABLES Y SU INCAPACIDAD PARA MATERIALIZAR SUS IDEAS. SUS PUNTOS FUERTES SON SU HABILIDAD PARA RESOLVER CONTRADICCIONES Y SU FLEXIBILIDAD.

Los mitos de Géminis tratan sobre 2 hermanos o gemelos. Uno de los más antiguos es el relato bíblico de Caín y Abel, hijos de Adán y Eva. Por algún motivo desconocido, Dios apreciaba los sacrificios de ovejas de Abel, pero no valoraba las ofrendas de frutas y verduras de Caín. Atormentado por los celos, Caín asesinó a Abel. Después, Dios le condenó a vagar por la Tierra como un fugitivo.

Los celos fueron también un problema para Rómulo y Remo, los gemelos de la mitología romana que decidieron fundar una ciudad. Cuando los dioses indicaron que Rómulo debía tomar el mando, Remo le menospreció; por eso Rómulo le mató. La ciudad era Roma.

Yuree y Wanjel eran dos hermanos aborígenes australianos. Wanjel murió por la picadura de una serpiente. Yuree se sintió tan triste que talló un retrato de su hermano en un tronco y le hizo cobrar vida.

Los psicólogos seguidores de Jung interpretan las historias del "gemelo mítico" como una metáfora de la búsqueda del individuo de su "otro" o su "sombra": es decir, los aspectos de la personalidad que nos negamos a reconocer y que proyectamos sobre otros. Así pues, cuando una persona se enamora obsesivamente de otra, en ocasiones es porque valora en la persona amada las cualidades de las que cree que ella carece. Los psicólogos creen que este lado oscuro de las personas es el que emerge en momentos críticos y las hace reaccionar de forma violenta o cometer actos destructivos. Afirman que el primer paso hacia la salud psicológica es reconocer nuestro lado oscuro: un proceso llamado individuación. Algunas formas de psicoterapia están orientadas a ayudar a la gente en este proceso.

comunicador
cambiante
inquisidor
versátil
nervioso
naturaleza dual
curioso
falso
ingenioso

opalescente, mercurio, ágata

Los astrólogos describen a Géminis como un signo de Aire mutable. Mutable significa cambiante, y se dice que las personas nacidas bajo este signo son infinitamente adaptables y capaces de amoldarse a las circunstancias. Y como sugiere el "aire", se supone que Géminis es libre como el viento, revoloteando primero hacia un lado y luego hacia el otro. Todo este discurso de adaptabilidad y libertad personal suena maravilloso, pero el inconveniente es que los Géminis a veces se echan atrás y cancelan citas en el último minuto sin tener en cuenta las molestias que causan.

Pero el Aire no significa libertad; también puede considerarse una metáfora de la mente, la curiosidad y las habilidades comunicativas que Géminis posee. El típico individuo Géminis adora los hechos, le encanta averiguar cosas, ir a sitios e investigar, puede ser un lector/ra voraz, posee un cerebro ágil y se siente feliz de hablar con cualquiera. A Géminis le encanta analizar el mundo y explicarlo, a sí mismo y a los otros. Es escritor, profesor, viajero: un signo que hará cualquier cosa por satisfacer su curiosidad. No es de extrañar que pueda ser una compañía agradable, pero también necesita variedad, y si tiene que asentarse en una vida de rutina y responsabilidades, debe contar siempre con una ruta de escape.

El símbolo de Géminis –los gemelos– expresa su naturaleza dual. Esto convierte a Géminis en muy adecuado para reconciliar opuestos, resolver contradicciones y manejar exigencias de su tiempo y afectos. Pero una debilidad es su tendencia a tratar de abarcar demasiado, ser muy distraído y prometer mucho pero cumplir poco.

A través de su planeta regente, Mercurio –el dios romano Mercurio era un personaje espontáneo y travieso, llamado "el embaucador" por el psicólogo C. G. Jung–, Géminis está también conectado con el arquetipo psicológico de *puer*

mercurio

El planeta Mercurio suele estar tan cerca del sol que resulta difícil de avistar. De hecho, es invisible al ojo humano durante gran parte del año. Tal vez el misterio que rodea a su presencia sea la razón por la cual ha estado asociado con asuntos mágicos y comunicaciones divinas. Se decía que potenciaba la sabiduría, ayudaba en la búsqueda del conocimiento del futuro e inspiraba la poesía. Así que, aunque los Géminis pueden destacar como maestros o comunicadores de las ideas de otros, también son buenos como escritores… o incluso astrólogos. Si es usted Géminis y sueña con ser poeta o escribir una novela… ¿por qué no se apunta a un curso de escritura creativa? ¡Podría ser el primer paso!

eternus, o "eterna juventud". En otras palabras, a veces Géminis, igual que Peter Pan, simplemente se niega a crecer. Otros signos se sienten con frecuencia atraídos hacia Géminis por su encanto juvenil y aire juguetón, y Géminis puede explotar esto eligiendo parejas que inconscientemente adoptan el papel de "padre", haciéndose cargo de las cosas importantes y dejando a Géminis a su antojo.

Algunos personajes famosos que nacieron con el Sol en Géminis son: John F. Kennedy, la reina Victoria de Inglaterra, Marilyn Monroe, Dante, Che Guevara, Kylie Minogue, Bob Dylan, Judy Garland, Paul McCartney, Ana Frank, Felipe II de España y Al Jolson.

Las relaciones de Géminis

De la misma manera que la dualidad es una característica de Géminis, también en sus relaciones las personas Géminis parecen estar constantemente buscando su "gemelo mítico". Una expresión de la idea de este "gemelo mítico" puede hallarse en el Talmud, el comentario hebreo de la Biblia, donde se dice que un alma puede dividirse, dando una mitad a un niño y la otra a una niña, pero las dos mitades se pasan la vida tratando de encontrarse.

Por eso los Géminis parecen estar siempre buscando su alma gemela. A menudo se les encuentra rodeados de grandes grupos de personas, ya que sienten que, cuanta más gente conozcan, más probable es que encuentren una persona especial con la que estar. Utilizan su encanto e ingenio para adular a los amantes potenciales, a

los gemelos

En muchas culturas, Géminis está representado por 2 gemelos o una pareja. Por eso se dice que los Géminis tienen la capacidad de seguir 2 caminos distintos en la vida. Esto puede ser una gran ventaja, porque si una medida resulta infructuosa, Géminis adopta otra. Pero esta variabilidad puede confundir a los compañeros de Géminis.

los que engatusan con sus mentes audaces. También tienen fama de coquetear y enamorarse con una facilidad que asombra al resto de los signos.

Pero todo es útil para Géminis ya que, paradójicamente, en ocasiones se dice que el típico Géminis buscará personas diferentes para satisfacer distintas necesidades.

Sin embargo, en último término, Géminis es un signo que funciona mejor en relaciones personales: parece que el individuo adecuado hace sentir a Géminis completo, como si hubiera encontrado la parte de sí mismo que buscaba. Al final, es posible que lo que Géminis estaba buscando se oculte en su interior, pero tal vez Géminis, al igual que todos nosotros, tenga una tendencia a comenzar buscando las respuestas en otras personas.

Con sus mentes analíticas, los Géminis a menudo tienen ideas fijas acerca de cómo deberían discurrir las relaciones. Consideran todos los problemas que pudieran surgir y deciden lo que deberían hacer en interés de todos. Muchos también dedican mucha energía a analizar sus sentimientos y los de otros en lugar de experimentarlos sin más, y después se sorprenden cuando descubren que ellos y sus amantes son criaturas de carne y hueso con pasiones mundanas. El desafío de Géminis en la vida es explorar el mundo de las emociones y aprovechar el poder de las pasiones humanas.

Este aspecto de Géminis ayuda a explicar sus relaciones con los otros signos, y especialmente con los 3 signos de Agua: Cáncer, Escorpio y Piscis. En estas relaciones, Géminis puede sentirse fascinado, aunque a veces avergonzado, por las exhibiciones públicas de emoción del Agua, mientras que el Agua, por su parte, se siente intrigado por la claridad

estrategias
vitales

- Le sienta bien la variedad, pero su tendencia a cortar y cambiar sin aviso desconcierta a otros. Asegúrese de que informa de sus cambios de planes.

- Alimente sus instintos Géminis, incluso ante las presiones de la vida. Tómese tiempo para leer, pensar, salir a pasear o charlar por el simple placer de hacerlo.

- En ocasiones promete demasiado a demasiadas personas y acaba decepcionando a algunos o a todos. Intente refrenar su instinto natural para ser todo para todos, y ofrézcase únicamente a hacer lo que sepa que puede lograr.

- Intente sentir lo que se oculta bajo los sentimientos de las personas —y los suyos propios— en lugar de analizarlos racionalmente y despreciarlos.

- No se comprometa con 2 personas a la vez y sea puntual.

- ¿Suele jugar a hacerse el inmaduro permitiéndose ser irresponsable, mientras que su pareja hace todo el trabajo? De ser así, acepte responsabilidades en tareas específicas y dé un respiro al ser amado.

- En lugar de molestarse con su pareja por refrenarle, explíquele cómo a veces necesita sentirse libre y disponer de espacio para ser usted mismo. Esto no significa que no quiera estar con él o ella. Simplemente que, de vez en cuando, necesita tiempo para usted.

mental y espíritu racional de Géminis. Las ideas de Géminis a menudo animan a Cáncer a perseguir sus ambiciones, mientras que Géminis siente atracción por la profundidad emocional de Cáncer. De igual forma, Géminis puede sentirse fascinado, aunque a veces intimidado, por la intensidad de Escorpio, mientras que Escorpio admira la capacidad de Géminis para desligarse de sus emociones. Géminis y Piscis crean una sociedad de admiración mutua, ya que la mente clara de Géminis es el complemento perfecto para la imaginación soñadora y espiritual de Piscis.

Tradicionalmente Géminis es compatible con Libra y Acuario, los otros dos signos de Aire, pero la realidad no es siempre tan sencilla. Aunque con frecuencia comparten una visión común del mundo, en ocasiones falta la chispa necesaria para una relación más vibrante. Géminis valora la cortesía de Libra, pero no su indecisión. Si viven juntos, Géminis accederá a dejar que Libra se ocupe de la tarea de crear un hogar agradable. Las relaciones entre Géminis y Acuario suelen tener como consecuencia un estilo de vida salvaje, creativo y aventurero, ya que cada uno despierta los instintos amantes de la libertad del otro.

Cuando 2 Géminis se unen los resultados son impredecibles. Pueden enamorarse locamente, después de sentir que cada uno ha encontrado a su alma gemela, pero también pueden aborrecer la relación al ver a la otra persona como una imagen de sí mismos que refleja sus propias inseguridades y debilidades. Y como a Géminis le gusta que su pareja adopte el papel paternal, tal vez otro Géminis no acepte el reto.

Los 3 signos de Fuego –Aries, Leo y Sagitario–, poseedores de energía y entusiasmo, pueden aportar la "chispa" (en ocasiones inexistente) entre Géminis y los signos de Aire. Sin embargo, las relaciones con Fuego pueden ser explosivas. Las relaciones entre Géminis y Aries se basan en una necesidad común de experimentación constante: cambiar de casa, cambiar de carrera, intercambio de papeles. Géminis y Leo pueden llevarse bien, siempre que el entusiasmo de Géminis por el cambio coincida con el deseo de Leo de hacer todo a su manera. Por otra parte, las relaciones Géminis-Sagitario pueden ser pura magia, ya que cada uno apacigua la naturaleza aventurera y disposición del otro. Pero si eso es lo único que les une, la relación puede encenderse… y luego apagarse.

Las relaciones con los signos de Tierra –Tauro, Virgo y Capricornio– suelen aportar más estabilidad, aunque a Géminis le resulte difícil amoldarse al modo de vida firme e insulso de los Tierra. Las relaciones Géminis-Tauro se basan en la atracción por los opuestos, aportando Géminis la chispa, y Tauro la estabilidad para manejar las responsabilidades rutinarias del día a día. Géminis y Virgo pueden disfrutar de una gran comunicación, ya que ambos poseen ideas brillantes, y Virgo sabe cómo ponerlas en práctica. Géminis y Capricornio pueden encontrar al otro completamente desconcertante, pues Géminis está lleno de ideas brillantes, mientras que Capricornio valora la experiencia práctica. Pero si logran establecer un término medio, la suya puede ser una relación de por vida.

Pero hacen falta 2 para que las cosas funcionen y Géminis es sólo una parte de la ecuación. Los otros –ya sea en casa, en el trabajo o en el amor– deben saber cómo manejar a este signo voluble. La primera cualidad que se precisa es paciencia: de nada sirve quejarse de que Géminis llega siempre tarde o se va sin avisar. Y si tiene niños nacidos con el Sol en Géminis, tal vez descubra de pronto que se han "desviado". Si esto ocurre, averigue

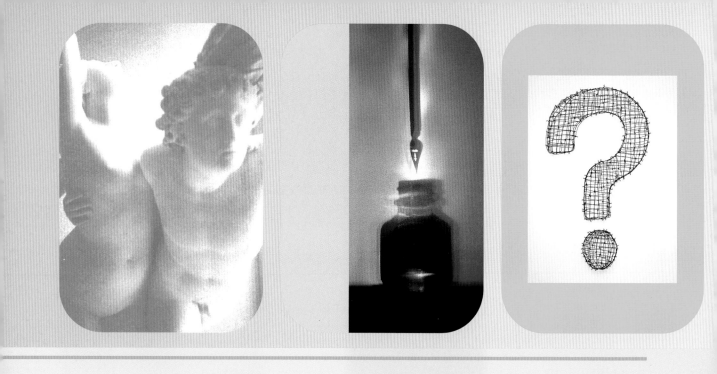

la causa. Tal vez algún entusiasmo súbito les ha empujado a hacer algo totalmente inesperado. Y si tiene amigos nacidos bajo Géminis, recuerde que merece la pena tener un plan alternativo por si no aparecen. Aprenda a disfrutar de su compañía hoy, ya que quizá no estén mañana.

La salud y el bienestar de Géminis

En la astrología médica, Géminis rige los pulmones. Este hecho, más la clasificación de Géminis como signo de Aire, significa que los posibles motivos de preocupación para Géminis son las dificultades respiratorias como el asma y la bronquitis, además de el "aliento" o la indigestión. A Géminis le puede resultar útil aprender los métodos de control respiratorio practicados por los cantantes clásicos. Para evitar la indigestión, los Géminis podrían dedicar tiempo en sus vidas a comer. Suelen estar tan ocupados hablando, leyendo o viendo la televisión, que apenas se dan cuenta de lo que comen.

En lo que respecta a hacer ejercicio, Géminis está tradicionalmente relacionado con caminar y correr: formas de ejercicio que satisfacen sus ansias de conocer mundo y en las que la respiración juega un papel importante.

Géminis no es un signo al que le moleste el ambiente. Es perfectamente feliz en un entorno urbano, viviendo y caminando por calles muy transitadas. Con frecuencia su hogar puede estar desordenado: tal vez sea así un reflejo de sus ganas de jugar y su sed de conocimientos. Puede haber libros por todas partes o montones de objetos interesantes adquiridos en los viajes. Si vive con alguien nacido con el Sol en Géminis, tendrá que aprender a tolerar un desmedido nivel de caos, o tendrá que hacerse a la idea de que le tocará recoger la casa.

estrella de Hermes

Los babilonios creían que mercurio, el planeta regente de Géminis, era sagrado para Nabu, el escriba, que anotaba las decisiones de los dioses y diosas. Los griegos llamaban a Mercurio "la estrella de Hermes", el mensajero de los dioses. Hace 2000 años, los místicos griegos y egipcios compusieron unas enseñanzas herméticas, supuestamente escritas por el mismísimo Hermes. Estos textos fueron redescubiertos en la Europa renacentista, cuando Hermes era considerado un gran maestro. proponían doctrinas como la de la reencarnación, en la que el alma desciende a la Tierra a través de las estrellas y planetas. Para los creyentes significaba que el propósito espiritual de una persona podía comprenderse por medio de un análisis de su horóscopo. El resultado fue el auge de la astrología.

festividades

Dos de las grandes festividades religiosas celebradas con el Sol en Géminis tienen que ver con la comunicación.

Los judíos celebran la festividad del Shavuot (que significa "semanas"). Originalmente era una celebración de la cosecha del primer trigo, 7 semanas después de la cosecha de la primera cebada, pero ahora conmemora la Revelación de la Ley, el momento en que a Moisés le fueron entregados los Diez Mandamientos en el Monte Sinaí. Los judíos devotos hacen vigilia la noche antes del Shavuot, estudiando y tratando de revivir la experiencia original de recibir la Ley. Al día siguiente, en la sinagoga, se lee el Éxodo y se recita el "Akdamut", una oración de acción de gracias.

Pentecostés también está relacionado con la comunicación. Los Hechos de los Apóstoles describen el primer Pentecostés cristiano y relatan cómo los discípulos se reunieron en Jerusalén: "*De pronto un sonido llegó del cielo como el rugido de un viento poderoso, y llenó toda la casa… se les aparecieron lenguas de fuego, una encima de cada uno de ellos… fueron colmados con el Espíritu Santo y comenzaron a hablar en lenguas en las que el espíritu se manifestaba*". En aquel momento, Jerusalén estaba lleno de judíos de todo el Mediterráneo y Oriente Próximo, pero cada uno oía a los discípulos hablar en su propia lengua. Pedro se puso en pie y proclamó que Jesús era el Mesías, por eso Pentecostés conmemora la fundación de la iglesia cristiana. Para los cristianos, la salvación por medio de Cristo es tan importante (incluso más) que el cumplimiento de la Ley de Moisés, y fue en este punto crucial donde la cristiandad comenzó a separarse, al estilo Géminis, del Judaísmo.

aire fresco de Géminis

¿Tiene preocupaciones? (¿Quién no?) Respire aire fresco de Géminis, un signo de Aire. Infle un globo y átelo con una cuerda. Anote su preocupación en un trozo de papel, péguelo a la cuerda y deje que el globo vuele, llevándose con él su preocupación.

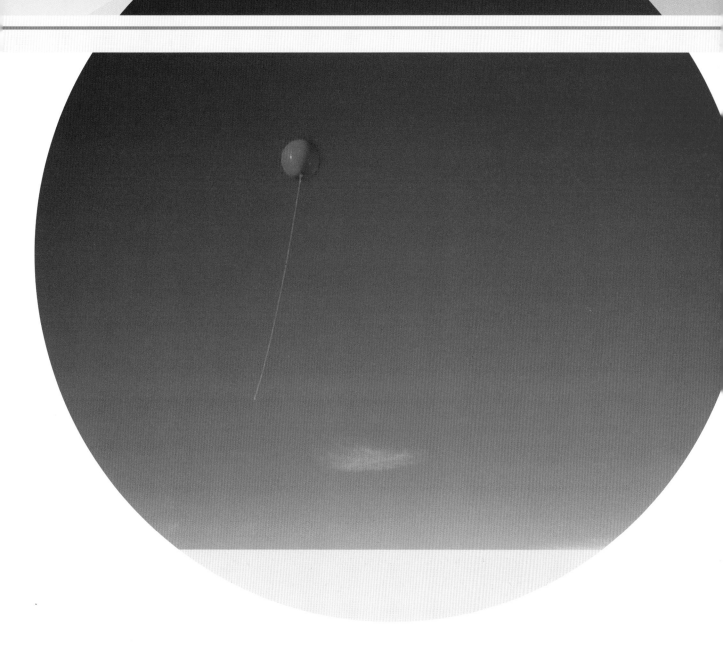

versátil, cambiante y alegre, Géminis nos transporta al terreno de

una meditación

GÉMINIS A MENUDO VIVE DEMASIADO EN SU CABEZA Y ACUMULA UN EXCESO DE ENERGÍA NERVIOSA. ESTA MEDITACIÓN ESTÁ DISEÑADA PARA RESTAURAR LA SENSACIÓN DE CALMA.

Túmbese al aire libre o, si lo hace dentro de casa, cerca de una ventana abierta. Cierre los ojos e intente respirar de forma regular. Poco a poco adquiera consciencia de sus brazos y piernas, manos, pies, dedos de las manos y de los pies, y del flujo eléctrico en torno a ellos. Tal vez sienta un cosquilleo en la piel. Perciba ahora cómo todo su sistema nervioso los conecta a su cuerpo y conecta también su mente. No debería sentir oclusión alguna. Mientras está tumbado, percibirá el aire que le rodea, limpio y fresco, que le acaricia el cuerpo y lo limpia y rejuvenece. Trate de sentirse como si estuviera flotando, impulsado por el viento. La energía nerviosa de su cuerpo sale hacia fuera, hacia el aire que le rodea. Sienta cómo sucede este proceso y perciba cómo le hace sentirse más feliz. Cuando esté preparado, comience a regresar a la realidad. Cuando abra los ojos se sentirá mucho más tranquilo, más relajado y preparado para hacer frente al mundo una vez más.

constelación

GÉMINIS ES UNA DE LAS CONSTELACIONES MÁS GRANDES Y UNA DE LAS MÁS FÁCILES DE LOCALIZAR. A ÚLTIMA HORA DE LA TARDE, EN ENERO O FEBRERO, MIRE HACIA EL SUR (O HACIA EL NORTE SI VIVE EN EL HEMISFERIO SUR) Y VERÁ 2 ESTRELLAS BRILLANTES, UNA ENCIMA DE LA OTRA. SON CÁSTOR Y POLLUX —LLAMADAS ASÍ POR LOS GEMELOS DIÓSCUROS— Y SEÑALAN LAS CABEZAS DE LOS GEMELOS DE LA CONSTELACIÓN. UN POCO MÁS A LA DERECHA HAY 2 ESTRELLAS MÁS DIFUSAS, TAMBIÉN UNA ENCIMA DE LA OTRA QUE, JUNTO A CÁSTOR Y POLLUX, FORMAN UN RECTÁNGULO. EN LA ANTIGÜEDAD, ESTOS 2 PARES DE ESTRELLAS REPRESENTABAN LAS ELECCIONES CHOCANTES TÍPICAS DEL SIGNO SOLAR DE GÉMINIS.

la curiosidad intelectual y la comunicación

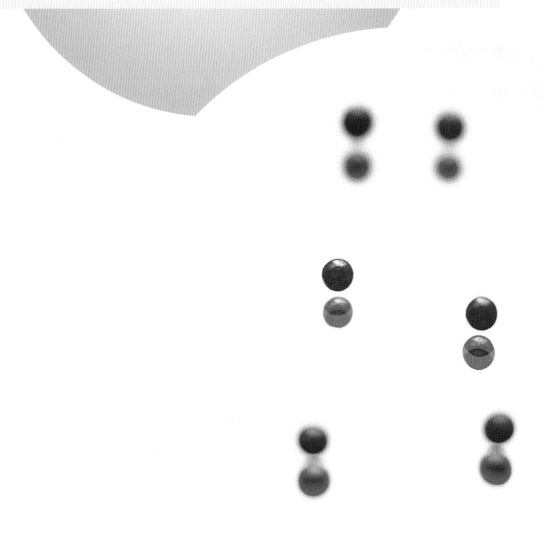

cáncer

cardinal, agua, femenino

21 de junio – 23 de julio

El sol entra en Cáncer el 21 de junio, día en que alcanza su distancia máxima del ecuador, originando el día más corto en el hemisferio sur y el más largo en el hemisferio norte. Este día de extremos insinúa la naturaleza contradictoria de Cáncer: es tímido y sensible, pero ambicioso y seguro de sí mismo. El signo de la emoción excesiva, Cáncer suele verse totalmente dominado por sus sentimientos. Su tarea es aprender a pensar con claridad. Esto no es fácil, pero no existe un desafío desmedido para los Cáncer. Cuando se compromete emocionalmente, Cáncer da todo por lograr el éxito.

Los mitos de Cáncer son relatos lunares. Los polinesios tienen a Hina, cuyo nombre significa "Luna". Mientras se bañaba, una anguila pasó y la tocó. Resultó ser Te Tuna: un hombre disfrazado. Se hicieron amantes, pero un día Te Tuna le dijo a Hina que la próxima vez que le visitara, debería cortarle la cabeza y enterrarla. Ella lo hizo, pero regresó al lugar día tras día para llorar su muerte. Un día apareció un brote verde en la tumba de Tuna. Creció y se convirtió en el primer cocotero.

Las diosas de la Luna de la antigua Grecia eran Selene y Artemisa. Artemisa era aventurera y se pasaba el día cazando. Ella y las doncellas que la servían habían jurado voto de castidad. Un día, el apasionado cazador Acteón se encontró a Artemisa mientras se bañaba y quedó enamorado de su belleza. Enfurecida, lo convirtió en un cervato e hizo que sus sabuesos lo despedazaran. Selene era más amorosa. Su amante era Endimión, con quien tuvo cincuenta hijas. Endimión le pidió a Zeus ser inmortal, y le fue concedido con la condición de que Endimión durmiera para siempre. Por eso, cada noche Selene le cubre de besos igual que la Luna cubre a los mortales con su luz.

El mito polinesio trata del tema del flujo y reflujo de la vida —la muerte de Te Tuna significó un nuevo comienzo— y de la necesidad de abandonar el pasado y avanzar, algo que a Cáncer le resulta extremadamente difícil. Artemisa y Selene representan los 2 lados contradictorios de la personalidad Cáncer: el atrevido, duro y aparentemente autosuficiente, y el blando, cariñoso, pensativo y siempre amoroso.

sensible
arrogante
tenaz
emocional
compasivo
perfeccionista
vulnerable
purificador
enmascarado

plata, blanco, cristal

Cáncer es un enigma y los Cáncer son bastante capaces de perseguir metas que están completamente en desacuerdo entre sí. Esto le convierte en el signo del Zodíaco más difícil de comprender, pero la clave radica en las distintas categorías en las que los astrólogos lo sitúan. Posee la distinción de ser tanto un signo Cardinal –capaz de asumir el mando, controlar su entorno y dar las órdenes– como un signo de Agua –lo que implica emoción excesiva y vulnerabilidad–. Los astrólogos también han designado al cangrejo como símbolo de Cáncer, una metáfora del centro blando y el caparazón duro de la personalidad de Cáncer.

Por lo tanto, no sorprende que mientras los libros de astrología a menudo hablan de un Cáncer romántico e idealista, muchos Cáncer muestran un exterior "de cangrejo" cínico y quejica. Así pues, si conoce a personas Cáncer que parecen estar encerradas en sí mismas, no debería condenarlas por ello. Seguramente estén "metiéndose en su caparazón" para protegerse de la ansiedad que les causa el que no haya límites en la cantidad de compasión que el mundo les exige, pero sí lo haya en la cantidad que son capaces de dar.

Al igual que el cangrejo, Cáncer es tenaz. Cuando quiere algo, se encargará de conseguir sus objetivos sea como sea. Pero su tenacidad en ocasiones se manifiesta aferrándose al pasado; teme lo que pueda ocurrir si lo deja escapar. Cáncer necesita reconocer que hay ocasiones en la vida en las que debe tener el coraje para decir adiós a circunstancias anteriores y dar un salto a lo desconocido.

Además de su tenacidad, Cáncer también tiene una vena perfeccionista, un deseo de lograr lo mejor. El inconveniente de esto es que Cáncer siempre se preocupa si no consigue sus elevadísimas metas. De hecho, a

la luna

EL PLANETA REGENTE DE CÁNCER, LA LUNA, ERA DEFINIDO POR LOS ASTRÓNOMOS CLÁSICOS COMO FEMENINO Y POR LOS ASTRÓLOGOS TRADICIONALES COMO LA MADRE CÓSMICA. ES POR ESTO QUE LA PERSONALIDAD CÁNCER SUELE CONSIDERARSE BONDADOSA Y COMPRENSIVA, CUALIDADES QUE SUPUESTAMENTE POSEEN LAS MADRES DEL MUNDO. PERO LOS HOMBRES CÁNCER DE HOY PUEDEN ANIMARSE, YA QUE DICHAS CUALIDADES AHORA TAMBIÉN SE CONSIDERAN NECESARIAS PARA LOS HOMBRES.

terremotos y lunáticos

APARTE DEL SOL, LA LUNA NOS INFLUYE MÁS QUE NINGÚN OTRO CUERPO CELESTE. LA MAYORÍA SOMOS CONSCIENTES DE QUE LA LUNA EJERCE UNA ATRACCIÓN QUE AFECTA AL MOVIMIENTO DE LAS MAREAS, PERO MUCHOS NO SE DAN CUENTA DE QUE LAS MASAS TERRESTRES DEL MUNDO ESTÁN TAMBIÉN SUJETAS A LA ATRACCIÓN DE LA LUNA. SE CREE QUE ESTO INFLUYE MUCHO EN LOS TERREMOTOS. EL DEVASTADOR TERREMOTO DE TURQUÍA DEL 11 DE AGOSTO DE 1999 OCURRIÓ JUSTO UNOS DÍAS DESPUÉS DE UN ECLIPSE SOLAR, EN EL QUE LA LUNA PASÓ POR DELANTE DEL SOL. DE HECHO, EL ECLIPSE HABÍA PASADO DIRECTAMENTE POR ENCIMA DE LA FALLA DEL NORTE DE TURQUÍA. MÁS DIFÍCIL DE MEDIR ES EL INFLUJO DE LA LUNA EN LAS PERSONAS. DESDE SIEMPRE SE HA CREÍDO QUE LOS ALTIBAJOS DE LA LUNA PUEDEN PROVOCAR UN COMPORTAMIENTO IRREGULAR EN LAS PERSONAS —DE AHÍ, LA PALABRA "LUNÁTICO"— Y SON INFINITAS LAS ANÉCDOTAS QUE DEMUESTRAN QUE LOS ACCIDENTES Y COMPORTAMIENTOS IRRACIONALES AUMENTAN EN TORNO A LA LUNA LLENA, UN HECHO QUE BIEN PUEDEN ATESTIGUAR LA POLICÍA Y EL PERSONAL HOSPITALARIO.

veces se dice que los Cáncer no son felices si no tienen algo de qué preocuparse.

Siendo Cáncer un signo tan enigmático, no sorprende que el elenco de nacidos con el Sol en Cáncer incluya personajes tan diversos como: Sylvester Stallone, Ringo Starr, la princesa Diana, Emmeline Pankhurst, Richard Branson, Yul Brynner, Imelda Marcos, John Glenn, Iris Murdoch, Linda Ronstadt, Ernest Hemingway, Meryl Streep y Helen Keller.

Las relaciones de Cáncer

La contradicción de Cáncer se muestra en sus relaciones. En ocasiones da la impresión de que no necesita a nadie, mientras que otras veces es muy sociable, e incluso cariñoso. Esto sucede porque es muy cauto a la hora de revelar su yo interior: necesita sentir que puede confiar en las personas antes de relajarse, así que puede meterse en su caparazón y parecer antipático, e incluso hostil. Pero una vez que sabe que puede confiar en usted, será un amigo leal y, en las circunstancias adecuadas, la hospitalidad de Cáncer es legendaria y su generosidad infinita.

el cangrejo

El símbolo de Cáncer es un cangrejo, una criatura que camina de lado y evita enfrentarse a los problemas, pero puede encontrar salidas a los obstáculos. También puede meterse en su caparazón al verse amenazado… igual que los Cáncer.

En sus relaciones íntimas, Cáncer necesita amor verdadero, el tipo de devoción que transciende al tiempo y al espacio. También exige seguridad, y no sólo un ancla emocional firme, sino un hogar estable y un tejado sobre su cabeza. A menudo calificados de "amas de casa" –una descripción que no se ajusta a todos los Cáncer, tal vez porque la identifican con las anticuadas ideas del papel de la mujer–, tanto el hombre como la mujer Cáncer poseen la habilidad de crear un entorno doméstico agradable y seguro. De hecho, la idea de "familia" es extremadamente importante para Cáncer y, si sus familiares viven lejos, Cáncer tratará de crear "familias" con sus amigos.

Las relaciones más fáciles para Cáncer suelen ser con los otros signos de Agua: Escorpio y Piscis. Ambos signos son felices sacrificándose por amor: el problema puede ser que queden tan atrapados en sus sentimientos que pierdan el contacto con la vida real. Y cuando 2 Cáncer se unen, este alejamiento de la realidad puede ser aún más completo. Cáncer se lleva bien con Escorpio. Si se distancian, puede ser a causa de una simple falta de comunicación y porque ambos pueden ofenderse por tonterías. Cáncer y Piscis pueden verse involucrados en una dinámica similar y, también ellos, son muy dados a generar malentendidos. Sin embargo, la relación se salva cuando cada uno cuida del otro y está dispuesto a perdonar sus errores.

Las relaciones de Cáncer con su signo opuesto, Capricornio, suelen ser cercanas porque aportan algo de lo que el otro carece. Cáncer da amor y profundidad emocional, mientras que Capricornio aporta seguridad material y económica. Eso, al menos, es la teoría. Pero si la relación llega a un punto muerto, Carpicornio se irritará cada vez más por los modos secretos y los malhumores de Cáncer, mientras que Cáncer se verá alienado por la incapacidad de Capricornio para mostrar verdaderos sentimientos. En lo referente a los otros signos de Tierra, las relaciones

estrategias
vitales

- ¿Trabaja demasiado? ¿Su preocupación le impide hacer algunas de las cosas que desea hacer? Si así fuera, trate de tener coraje para hablar con alguien que le pueda ayudar, como un médico.

- ¿Hay algún trabajo que esté retrasando por miedo? Si así fuera, intente empezar. Una vez que esté en marcha, aumentará su confianza.

- ¿Trabaja demasiado? ¿Se encuentra agotado por el exceso de trabajo y dolido porque otras personas no le ofrecen ayuda? Aprenda a separar las tareas esenciales de las no esenciales, las urgentes de las no urgentes y, por último, aprenda a delegar.

- ¿Se siente atraído por alguien, pero le asusta dar el primer paso por miedo o rechazo? Si así fuera, recuerde que ser rechazado no es lo peor que puede ocurrir en la vida. Si alguien le rechaza, es él el perdedor, así que tenga confianza en sí mismo y atrévase.

- Si está siendo duro o hiriente con otros, párese un momento y piense en por qué lo está haciendo. ¿Podría ser que esté descargando en ellos el daño que le han hecho a usted en el pasado? Para mejorar sus relaciones, pruebe a decir o hacer algo bueno para variar.

- No se avergüence de ser una persona sensible, emocional, intuitiva, compasiva y cariñosa. Debería sentirse orgulloso de poseer estas cualidades, pero asegúrese de que no le convierten en alguien excesivamente solitario y retirado.

- Quejarse de lo terrible que es la vida a veces puede darle una excusa para no asumir riesgos. Si se sorprende haciendo esto, intente parar. Salga, aproveche al máximo la vida y haga algo que siempre ha querido hacer pero nunca se ha atrevido.

con Tauro suelen basarse en un aprecio compartido por la estabilidad doméstica y los vínculos familiares, pero la chispa de pasión puede ser inexistente. Cáncer y Virgo se ven atraídos por su precaución innata y su necesidad de seguridad. Estos 2 pueden formar una relación sólida, pero a veces, como ocurre con Cáncer y Tauro, falta algo.

Cuando Cáncer se une con los signos de Fuego –Aries, Leo y Sagitario–, el resultado puede ser emocionante, e incluso apasionado. Una combinación Aries-Cáncer puede basarse en una atracción instantánea e intensa. Sin embargo, sin la disciplina de los signos de Tierra, la relación tal vez no dure mucho. Cáncer y Leo crean una combinación histriónica, cada signo animando al otro a expresar sus deseos y pasiones, aunque no suelen adaptarse demasiado a la rutina doméstica. Cáncer y Sagitario pueden ser buenos amigos, pero a veces la necesidad de seguridad de Cáncer y el amor por la libertad de Sagitario derivan en aspiraciones muy distintas por parte de ambos. Así pues, una relación a largo plazo debe basarse en una disposición a dejar que el otro cumpla sus sueños durante un tiempo.

Los tres signos de Aire –Géminis, Libra y Acuario– aportan un tipo de relación bien distinto. Cáncer puede quedar fascinado por las ideas de Géminis, su fantasía y el enfoque fresco con el que contempla los problemas antiguos, mientras que la intensidad emocional de Cáncer suele ser excitante para Géminis. Cáncer y Libra son signos cardinales y les gusta estar al mando, lo que significa que necesitan compartir las mismas metas si desean permanecer juntos a largo plazo. Cuando lo hacen, suelen jugar un papel equitativo en la creación de un hogar armónico y agradable. Las relaciones entre Cáncer y Acuario se basan principalmente en diferencias más que en similitudes –Cáncer necesita seguridad, mientras que Acuario valora su independencia– y, siempre que cada uno respete el derecho del otro a tener sus propios intereses, opiniones y deseos, puede establecerse una amistad de por vida.

Como signo de contradicciones, Cáncer mantiene la confianza y la timidez en igual medida, lo que hace que sus relaciones sean difíciles de predecir. Si es rechazado en el amor, puede responder con rebeldía, o puede encerrarse en sí mismo ocultándose tras una sofisticada máscara. Y cuando las cosas van mal, puede ser desdeñoso con las preocupaciones de la otra persona y suspicaz con sus motivos. El Cáncer que se comporta así no es feliz: mire bajo la superficie y verá que Cáncer anhela el amor y el afecto de su pareja.

La salud y el bienestar de Cáncer

En la astrología médica Cáncer domina el estómago (una parte del cuerpo que sufre demasiado si hay estrés o preocupaciones en la vida) y los pechos (un símbolo de las cualidades maternales de Cáncer). Por lo tanto, muchos remedios Cáncer están diseñados para aliviar los problemas de estómago y reducir el estrés.

Incluyen, por ejemplo, el arrurruz, que calma el estómago. La raíz de esta planta es un almidón que puede adquirirse en polvo y utilizarse para espesar salsas. El bálsamo de limón es una hierba clásica de Cáncer. Sus hojas pueden utilizarse para hacer un té que alivia el estómago y calma los nervios. Tradicionalmente, también se decía que ayudaba con los problemas del período y la infertilidad, aportando un vínculo más con la orientación familiar de Cáncer. Los arándanos, que pueden tomarse en té, ayudan a la digestión y las molestias nerviosas, mientras que la infusión de camomila es otro remedio muy efectivo para calmar el estómago y evitar el insomnio, y muchas personas la consideran la bebida perfecta para después de la cena. Otro remedio Cáncer es la cebolla. En Irán y algunas partes de La India, una comida no está completa sin un poco de cebolla cruda como ayuda para hacer la digestión... Esta sugerencia podría haber salido directamente del libro de cocina de Cáncer.

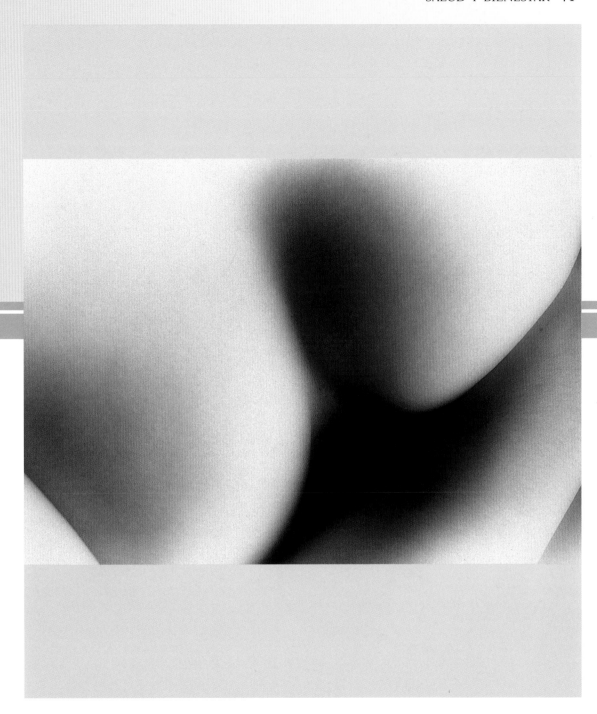

Como los Cáncer tienden a preocuparse tanto, necesitan hacer todo lo que puedan para mantenerse tranquilos. Para vestir y decorar sus hogares, no podrían elegir mejores colores que los azules y los platas, que son apacibles y relajantes. El agua –Cáncer es, después de todo, un signo de Agua– también puede ser muy útil para calmar los alterados nervios de Cáncer. Nadar es una excelente forma de ejercicio para ellos, y las personas Cáncer también se benefician de las visitas a balnearios y manantiales naturales. Las vacaciones junto al mar aportan paz y, si eso falla, un estanque o una fuente cercana pueden obrar maravillas.

aire fresco
de Cáncer

Nada gusta más a los Cáncer que hacer un esfuerzo por otros, y esto es algo que todos podemos hacer cada día. Pero hágalo al más puro estilo Cáncer. Conviértalo en el momento del año para invitar a los amigos y familiares a una fiesta maravillosa. Su objetivo es que se sientan mimados, relajados y en casa. Compre la mejor comida y bebida que pueda permitirse. No se olvide de las flores. Ponga algo de música. Adorne las mesas. Prepare un baile en el jardín si puede: haga de la ocasión la fiesta del año que todos recordarán.

festividades

El Rathra Jatra –o "viaje en carro"– es una festividad estival de Orissa, al Este de La India, que se celebra en la luna nueva de Cáncer, normalmente durante la estación lluviosa. La festividad es sagrada para el dios Krishna, una manifestación de Siva, cuya homóloga es Parvati, diosa de la Luna y la regente de Cáncer. Krishna también es conocido por el nombre de Jagganath, que significa "Señor del Universo". Durante las celebraciones del Rathra Jatra, los devotos de Krishna empujan por las calles enormes carros (*rathas*) cargados de flores e imágenes engalanadas con joyas de Krishna, y de su hermano Balaran y su hermana Subhadra. El carro principal de la procesión mide 15 m de altura. Este enorme y espectacular carro sirve para recordarnos el hecho de que Cáncer es un signo Cardinal duro: cuando se pone en marcha, ¡no hay nada que se interponga en su camino!

Cáncer confiere emociones profundas, compasión por otros

una meditación

ESTA MEDITACIÓN RECURRE A LAS ASOCIACIONES LUNARES Y ACUÁTICAS DE CÁNCER. TODO CONSISTE EN ADAPTARSE A LA IDEA DE QUE A VECES TENEMOS QUE SEGUIR LA CORRIENTE Y ABANDONAR EL PASADO. CÁNCER DEBE APRENDER QUE ESTO PUEDE APORTARLE SEGURIDAD.

Túmbese en un lugar tranquilo y cierre los ojos. Imagine que está sentado junto a un lago. El agua está inmóvil con sólo alguna ondulación ocasional causada por una suave brisa. Está rodeado de lirios y sauces. La Luna está llena y su luz reverbera en el agua. Usted forma parte del entorno. Poco a poco siente cómo el agua del lago se mece junto a usted. Es cálida y agradable. Se deja llevar por la corriente. Al flotar, percibe cómo sus preocupaciones se van disolviendo lentamente. Se siente alimentado y restaurado por la luz de la luna y el agua. Tiene la sensación de estar completamente protegido. A medida que desaparecen sus preocupaciones, regresa su confianza. Cuando abra los ojos, estará preparado para enfrentarse de nuevo al mundo.

constelación

La constelación de Cáncer es pequeña y difícil de avistar. De hecho, parece más una "Y" invertida que un cangrejo. Sus 3 estrellas principales son bastante débiles y se hallan a medio camino entre Géminis y Leo. Probablemente necesite un mapa celeste para encontrarla, además de una noche clara lejos de las luces de la ciudad. El cangrejo de Cáncer también se oculta.

y amor por el hogar y la familia

leo

fijo, fuego, masculino

24 de julio – 23 de agosto

El proceso de creación alcanza el clímax en Leo, pues es el signo del sol, la fuente de toda la vida en la Tierra y el centro de nuestro sistema solar. Leo representa el mediodía, el punto máximo de energía, el momento en que la fertilidad se encuentra en la cúspide y la naturaleza en su cumbre. Al igual que el sol, Leo está a veces en el centro de las cosas, pero debe recordar que no es el centro del universo. Hay ocasiones en que debería apartarse y dar una oportunidad a otras personas. Y de la misma manera que el sol acabará consumiéndose, Leo debe reconocer que su poder no es eterno.

Los griegos y los romanos relacionaban la constelación de Leo con la historia de Hércules y el león de Nemea. En la antigüedad había un feroz león que aterrorizaba a la ciudad de Nemea. El primero de los trabajos encargados a Hércules por el rey Euristeo fue ir a Nemea, destruir al león y librar al pueblo de aquella calamidad. Hércules disparó a la fiera con sus flechas, pero fue en vano pues su piel era impenetrable. Así pues, dejó a un lado sus armas, estranguló a la criatura con sus manos, la desolló con las garras del propio animal y llevó la piel a Euristeo.

Existe una leyenda sintoísta relacionada con el planeta regente Leo. Amaterasu, una deidad solar, vivía aterrorizada por su hermano, el dios de la tormenta, y se refugió en una cueva, dejando al mundo sumido en la oscuridad. Se negó a salir hasta que Ama-no-usume, la diosa del amanecer, ideó un plan. Colocó un espejo en la entrada de la cueva y se quedó cerca, mostrando sus pechos y bajándose la falda. Tanto se rieron los dioses que a Amaterasu le picó la curiosidad y salió. Entonces vio su reflejo en el espejo y, mientras lo contemplaba, los dioses la atraparon, la sacaron de la cueva y devolvieron la luz al mundo.

En la historia de Hércules y el león de Nemea, la derrota del león es un símbolo de la vulnerabilidad profunda y, en ocasiones oculta, de Leo. El león también representa las ansiedades y temores más profundos de Leo. Sólo puede comprenderlos y conquistarlos enfrentándose a ellos —en combate, cuerpo a cuerpo—: un paso que exige coraje y perspicacia. El mito sintoísta demuestra cómo la vanidad de Leo puede convertirse en su punto débil.

real
leal
enérgico
valiente
extravagante
egocéntrico
cariñoso
generoso
vanidoso

púrpura, oro, circón

Leo es un signo noble y generoso, uno que hace el mundo más agradable, crea belleza a su alrededor y aúna a las personas en reuniones alegres. Muchos de los otros signos le envidian por su coraje y confianza en sí mismo, y por su capacidad para conseguir lo que quiere mediante una combinación de manipulación, fuerza de voluntad y su propia personalidad, además de algo de buena suerte. Pero para Leo, las cosas pueden parecer muy distintas. En ocasiones la luz del Sol –el regente de Leo– disminuye y el mundo de Leo se ve envuelto en la oscuridad. Entonces, su apariencia de alegre cordialidad puede resultar engañosa, ya que Leo es un maestro en enmascarar su inseguridad y vulnerabilidad. Quizá engañe a algunas personas, pero los amigos perceptivos se darán cuenta de que Leo se siente perdido y solo, y que puede necesitar más apoyo que aquéllos que se muestran menos seguros.

Al ser un signo fijo, la lealtad es una de las mejores cualidades de Leo, pero este aspecto de su personalidad significa que también es obstinado y con frecuencia se niega a ver la necesidad de cambio. La autocomplacencia –muy unida a su resistencia al cambio– puede ser otro de los defectos de Leo. A este signo le resulta fácil acostumbrarse a una rutina de la cual sólo saldrá si las circunstancias le obligan. Lo que Leo necesita es poder reconocer cuándo cae en un patrón de comportamiento inútil. No obstante, como su elemento es el Fuego, paradójicamente, Leo tiene cierta tendencia al comportamiento impulsivo y precipitado. Para compensarlo, debe desarrollar claridad de pensamiento y habilidades analíticas que le ayuden a actuar de un modo más comedido.

La ambición de Leo es feroz y legendaria. ¿Acaso no debería ser así? Después de todo, con el Sol como planeta regente, el león como su signo zodiacal, y el oro como su color y metal, el signo está asociado tradicionalmente con la nobleza, e incluso con la realeza. Estos símbolos de Leo aparecen regularmente en escudos de armas,

donde denotan el poder que ejercían reyes y príncipes. La ambición de Leo también sirve para afianzar la fe absoluta en sí mismo, lo que con frecuencia significa que tiene tendencia a poner sus propios intereses por encima de los de otros, una característica no muy atractiva. En ocasiones debería ajustar sus expectativas a sus capacidades. Quizá se sorprenda al descubrir que lograr sus objetivos puede suponer un gran esfuerzo, y no esperar que otros hagan el trabajo por él.

Los Leo suelen ser artistas natos: incluso un Leo tímido e introvertido puede dar la nota al entrar en una habitación. Sin duda poseen una presencia teatral nata, pero de igual manera que muchos actores son bastante inseguros y necesitan la aprobación del público para convencerse de su valía, los actos extravagantes de Leo están muchas veces calculados para provocar una respuesta similar.

Personajes famosos nacidos con el Sol en Leo son: Arnold Schwarzenegger, Mick Jagger, Napoleón Bonaparte, Emily Brönte, Jackie Onassis, Mae West, Lawrence de Arabia, John Logie Baird, Henry Ford y Claude Debussy.

Las relaciones de Leo

Tradicionalmente, las relaciones más fáciles de Leo son con los otros signos de Fuego: Aries y Sagitario. Todos ellos comparten la creencia de que la vida hay que vivirla y que no tiene sentido esperar. Cuando Leo, Aries y Sagitario quieren hacer algo, simplemente lo hacen. Si una relación entre Leo y otro signo de Fuego fracasa, será precisamente

el león

EL ANIMAL DE LEO ES EL LEÓN, EL REY DE LA SELVA, Y UN EMBLEMA TRADICIONAL DE LA REALEZA. IMPRESIONANTE Y ATERRADOR, EL LEÓN ES UNA CRIATURA QUE REZUMA PODER Y CONFIANZA. EL INCONVENIENTE ES QUE LEO A VECES PUEDE SER ARROGANTE, MANDÓN Y DOMINANTE, AUNQUE ESTO PUEDE OCULTAR INSEGURIDADES MUY PROFUNDAS.

el sol

AL IGUAL QUE SU PLANETA REGENTE, EL SOL, QUE SE SITÚA EN EL CENTRO DE NUESTRA GALAXIA Y ES LA FUENTE DE VIDA EN LA TIERRA, A LEO LE GUSTA SER EL CENTRO DE ATENCIÓN; E IGUAL QUE EL SOL HA SIDO ADORADO A LO LARGO DE LA HISTORIA, A LEO LE ENCANTA QUE LE ADOREN Y APRECIEN. LA MAYORÍA DE LOS DIOSES SOLARES DEL PASADO ERAN DEIDADES MASCULINAS, POR ESO NO ES EXTRAÑO QUE LEO SEA UN SIGNO ATREVIDO Y MASCULINO. LOS ASTRÓLOGOS SEGUIDORES DE JUNG SUGIEREN QUE LOS LEO DEBEN PRESTAR ATENCIÓN A LA RELACIÓN CON SU PADRE PARA DAR SENTIDO A SUS VIDAS.

por lo que los signos tienen en común: un deseo de ser los primeros y un rechazo al compromiso. Esto puede ser demasiado para 2 signos de Fuego, sobre todo para 2 Leo. Para que la relación fructifique, cada uno debería asumir distintas responsabilidades: así cada uno brillará a su manera.

Las relaciones de Leo con los 3 signos de Agua –Cáncer, Escorpio y Piscis– también tienen una dinámica fascinante. Cáncer anima a Leo a expresarse, por lo que estas relaciones suelen adquirir en seguida un sabor dramático. Leo es bueno tratando con el mundo exterior, mientras que Cáncer aporta apoyo emocional. Leo y Escorpio son tercos, pero siempre que la compatibilidad aparezca en sus cartas, es posible la armonía entre ellos. Pero en cuanto sus aspiraciones y estilos de vida tomen caminos distintos, pueden decidir poner fin al asunto. Piscis se complementa muy bien con Leo, por lo que estas relaciones parecen proceder del cielo. La forma de actuar natural de Leo es abierta y directa, mientras que la de Piscis es privada y misteriosa.

La mezcla de Aire y Fuego da un resultado explosivo. Leo y Géminis pueden entablar una relación perfecta y extraordinariamente creativa, aportando Leo el entusiasmo y Géminis las ideas. Lo único que necesitan es disciplina y tener claros los objetivos. Algo parecido ocurre cuando Leo se une a Acuario pero, en este caso, como la atracción puede ser más compulsiva, cualquier irritación entre ellos será de gran calibre. Lo que estos 2

estrategias
vitales

- ¿Siempre intenta impresionar? Esto puede ser contraproducente, ya que a otros podría molestarles. Tal vez sería más feliz si dejara de intentar causar revuelo y simplemente disfrutara de la compañía de otras personas. Concéntrese en los otros y sus relaciones mejorarán.

- Una cosa es atraer a personas con su misma personalidad, y otra es llegar a entablar amistad con ellos. Para hacerlo, quizá deba dejar de insistir en que hagan lo que usted quiera. Recuerde que ellos tienen necesidades y deseos, gustos y preferencias que no son necesariamente los suyos. Averigüe lo que les gusta y adáptese. Se alegrarán —y puede que se sorprendan— de saber que sus puntos de vista también cuentan.

- ¿Con frecuencia siente que la gente le ignora? Lo cierto es que probablemente sea usted el que les esté ignorando. Pruebe a dejar a un lado sus sentimientos y a convertir a otros en el centro de atención. Sorprenda a alguien que sea importante para usted colmándole de alabanzas y, tal vez, incluso de regalos.

- Le gusta que su pareja sea atractiva y tenga éxito en la vida,... pero no confíe demasiado en estos aspectos, no duran para siempre. Intente conocer a fondo el interior de la otra persona.

- Le resulta natural esperar que otros lleven a cabo sus órdenes. Sin embargo, tal vez aprenda nuevas y valiosas habilidades y adquiera más confianza si resuelve las cosas usted mismo.

- Si trata de adoptar un estilo de vida más sano, póngase metas sencillas y fáciles de lograr, y no se distraiga. Esto le resultará más gratificante que perseguir objetivos vagos e irreales teniendo que abandonar a medio camino.

signos necesitan es aprender a respetar la libertad del otro. Como a los 2 les preocupa la apariencia exterior, Leo y Libra pueden combinarse con más facilidad. Libra ofrece a Leo un apoyo casi ilimitado: lo único que Leo debe hacer es devolverle el favor y asegurarse de que Libra no se sienta ignorado.

Las relaciones de Leo con los 3 signos de Tierra –Tauro, Virgo y Capricornio– no suelen considerarse "compatibles", pero cada uno tiene algo que ofrecer al otro. Los Tierra aportan estabilidad, dando a Leo una base segura desde la que emprender sus aventuras creativas. Leo puede quejarse de la falta de ambición de los Tierra, pero le vendría bien reconocer que su sentido común y disciplina pueden ser justamente lo que Leo necesita para conseguir sus sueños. Leo y Tauro son signos testarudos, generalmente convencidos de que tienen razón. Así pues, es lógico pensar que se llevarán bien siempre que estén de acuerdo, pero, cuando no lo estén, su relación podría llegar a término. Leo y Virgo son signos muy distintos en muchos aspectos. Se llevarán bien suponiendo que cada uno tiene sus propias responsabilidades en la relación: Leo aporta el *glamour* y Virgo se ocupa de los detalles de la vida cotidiana. Leo y Capricornio presentan diferencias, pero el amor de Leo por el lujo se complementa con el deseo de Capricornio por el bienestar material. Cuando entran en crisis, a Capricornio le molesta la estravagancia de Leo, mientras que a Leo le disgusta el enfoque conservador de Capricornio.

La salud y el bienestar de Leo

La generosidad y afectuosidad de Leo se reflejan en la astrología médica, ya que Leo rige el corazón. Decimos que Leo tiene un "gran corazón" o, cuando trata de lograr un objetivo, se dice que va "directo al corazón del asunto". Tener "el corazón roto" es haber experimentado lo que, para Leo, es uno de los grandes golpes: el

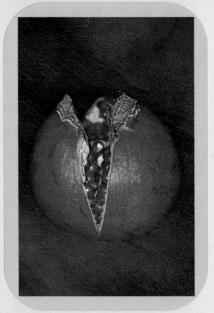

rechazo en el amor. La salud de Leo se ve muy afectada por su estado emocional. Cuando el signo se encuentra animado, nada puede perturbarle; cuando está deprimido, es propenso a todo tipo de problemas menores.

El corazón, claro está, controla el flujo de sangre, por lo que el ejercicio de Leo debería orientarse a mejorar la circulación. Las posturas de yoga envían sangre de los pies a la cabeza y hacen que el corazón trabaje más, pero a los Leo les encanta ganar –una medalla de oro, si es posible– y el yoga no es precisamente una actividad para espíritus competitivos. Leo prefiere cualquier ejercicio que mejore su aspecto, reafirme su estómago y destaque sus músculos, por lo que un regalo ideal para Leo sería una matrícula para un gimnasio. Leo puede disfrutar de una sesión de pesas o remo sabiendo que estos ejercicios mejorarán su ritmo cardíaco y su aspecto corporal.

Algunas hierbas Leo tienen cierta conexión con el corazón y la sangre. Se dice que el diente de león limpia la corriente sanguínea y es rico en vitaminas A, B y C. La conexión con la angélica es más indirecta, pues calma el ardor de estómago, mientras que la cúrcuma y el azafrán están relacionadas con Leo por su color amarillo.

Con su naturaleza generosa, Leo es un signo que disfruta de los placeres de la vida. Le gusta que las cosas sean atractivas y puede quejarse de la manera en la que se presenta la comida. Pero su debilidad es la tendencia al exceso. Mientras que algunos Leo se dedican a mantener un aspecto joven y hermoso, otros no pueden resistir las tentaciones de la comida y la bebida, sobre todo de las cocinas elaboradas y seductoras. Algunos optan por ambas cosas, alternando comilonas con dietas severas y, evidentemente, ésta es una forma nada sana de tratar al cuerpo. La meta de Leo sería aprender a comer alimentos sanos, que también pueden ser apetecibles.

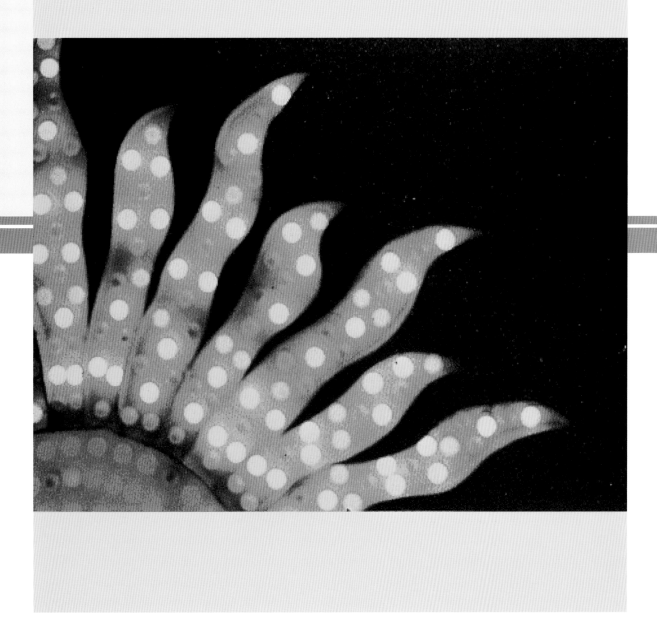

Los atributos reales de Leo llevan implícito un amor por la riqueza y la belleza que le gusta incluir, siempre que sea posible, en su entorno. Por esto se siente atraído por los colores vivos, muebles lujosos y adornos elaborados. A Leo también le gustan los aromas fuertes y las flores amarillas y doradas con grandes pétalos (los girasoles y las caléndulas son perfectas). Pero, por desgracia, Leo con frecuencia confía demasiado en las apariencias y esto puede resultar un mal juicio. Debe esforzarse por ver bajo la superficie, para apreciar el auténtico valor de algo o de alguien. Cuando lo haga, su disfrute de la vida será mucho mayor.

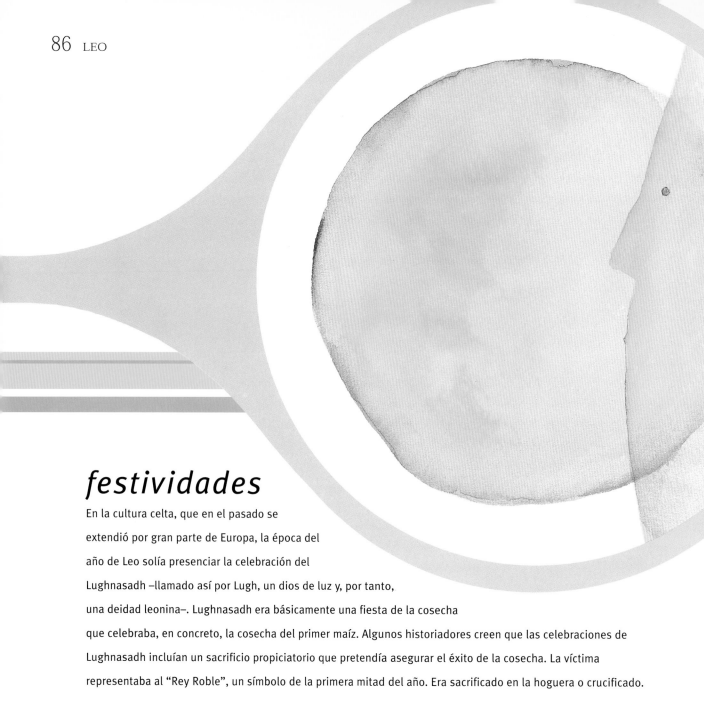

festividades

En la cultura celta, que en el pasado se
extendió por gran parte de Europa, la época del
año de Leo solía presenciar la celebración del
Lughnasadh –llamado así por Lugh, un dios de luz y, por tanto,
una deidad leonina–. Lughnasadh era básicamente una fiesta de la cosecha
que celebraba, en concreto, la cosecha del primer maíz. Algunos historiadores creen que las celebraciones de
Lughnasadh incluían un sacrificio propiciatorio que pretendía asegurar el éxito de la cosecha. La víctima
representaba al "Rey Roble", un símbolo de la primera mitad del año. Era sacrificado en la hoguera o crucificado.

El festival budista de Asala, también conocido como Dhammacakka o Día del
Dharma se celebra con la luna llena a finales de julio o agosto. Conmemora
el momento, hace más de 2000 años, en que Buda comenzó sus
enseñanzas del Camino Medio, el Noble Camino Óctuplo y las Cuatro
Nobles Verdades. El punto clave de las enseñanzas de Buda
–especialmente relevante en la sociedad actual– es que el deseo es el
origen de todo sufrimiento. Quizá no podamos erradicar el deseo de
nuestras vidas, pero podemos ser conscientes de que la consecución de
esos deseos no siempre trae la felicidad.

aire fresco de Leo

A Leo le encanta llamar la atención y a veces se comporta de forma escandalosa. Si es usted una persona reservada, esto le puede resultar chocante, pero obligarse a perder los papeles de vez en cuando puede liberar emociones que ni siquiera sabía que tenía. Puede hacerlo en la privacidad de su propio hogar y divertirse si reúne a amigos y familia para un juego de charadas. Déjese llevar por el juego con todo el entusiasmo que pueda reunir. Ha llegado el momento —como un buen Leo— de convertirse en el centro de atención.

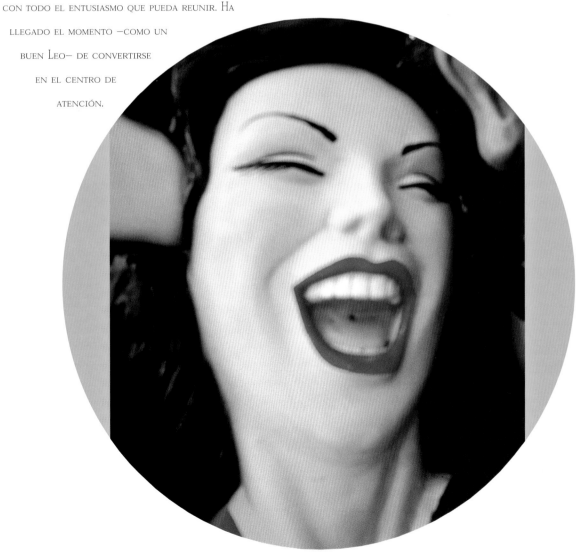

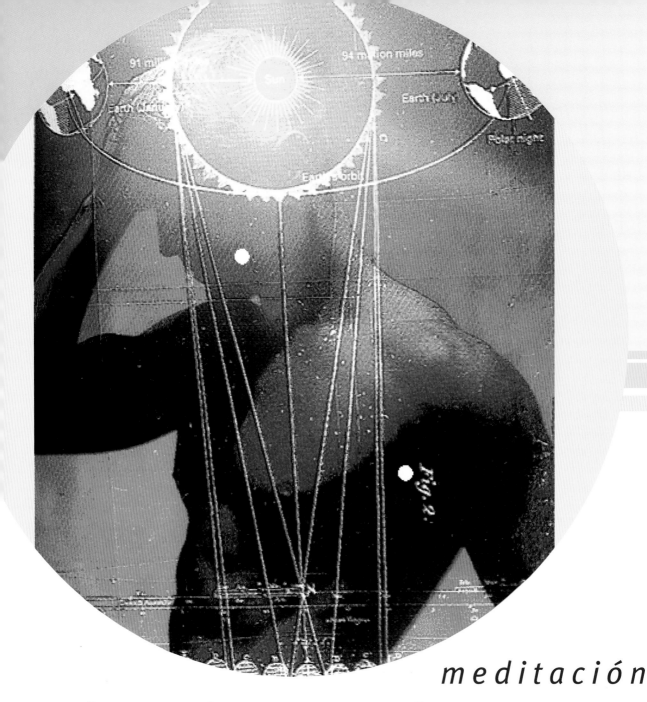

meditación

REGIDO POR EL SOL, LEO ES UN SIGNO DE CALOR Y LUZ. ESTA MEDITACIÓN ESTÁ DISEÑADA PARA CONTRARRESTAR LOS EFECTOS DEPRIMENTES DEL FRÍO Y LA HUMEDAD QUE LEO PUEDE SENTIR Y PARA GENERAR UN SENTIMIENTO DE CALIDEZ Y BIENESTAR INTERIOR. SI ES UN DÍA SOLEADO, TRATE DE HACER LA MEDITACIÓN FUERA.

Túmbese o siéntese en una silla cómoda y cierre los ojos. Respire hondo lentamente. Poco a poco, comenzará a sentir que se aleja del suelo. Atraviesa las nubes y el espacio, y ve el Sol a lo lejos. Al atravesar las regiones frías del espacio, su vista se llena más y más con la luz del sol. Siente que su calor le quema la piel. Atraviesa la superficie del sol y llega a su centro: la mismísima fuente de energía y vida de nuestro planeta: el calor del sol es

constelación

Leo es una de las constelaciones más grandes y fácilmente reconocibles, en parte debido a la forma de interrogación que forma la cabeza del león. Esta formación inconfundible se eleva por encima del horizonte occidental poco después del atardecer en febrero y marzo. Su estrella más brillante es Regulus, la antigua estrella "real" persa. El cuerpo del león queda por detrás, marcado por 5 estrellas grandes y casi 50 más "débiles". En conjunto, las estrellas de Leo forman una visión tan magnífica como sugieren sus conexiones reales.

Leo, real e imaginativo, nos anima a expresar nuestra creatividad

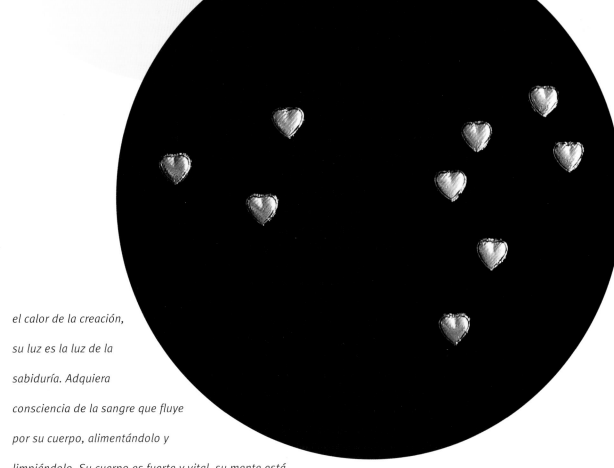

el calor de la creación, su luz es la luz de la sabiduría. Adquiera consciencia de la sangre que fluye por su cuerpo, alimentándolo y limpiándolo. Su cuerpo es fuerte y vital, su mente está tranquila. Cuando se sienta completamente refrescado, puede comenzar el viaje de regreso a la Tierra. Cuando esté listo, abra los ojos. Se sentirá renovado, lleno de vida y confianza en sí mismo.

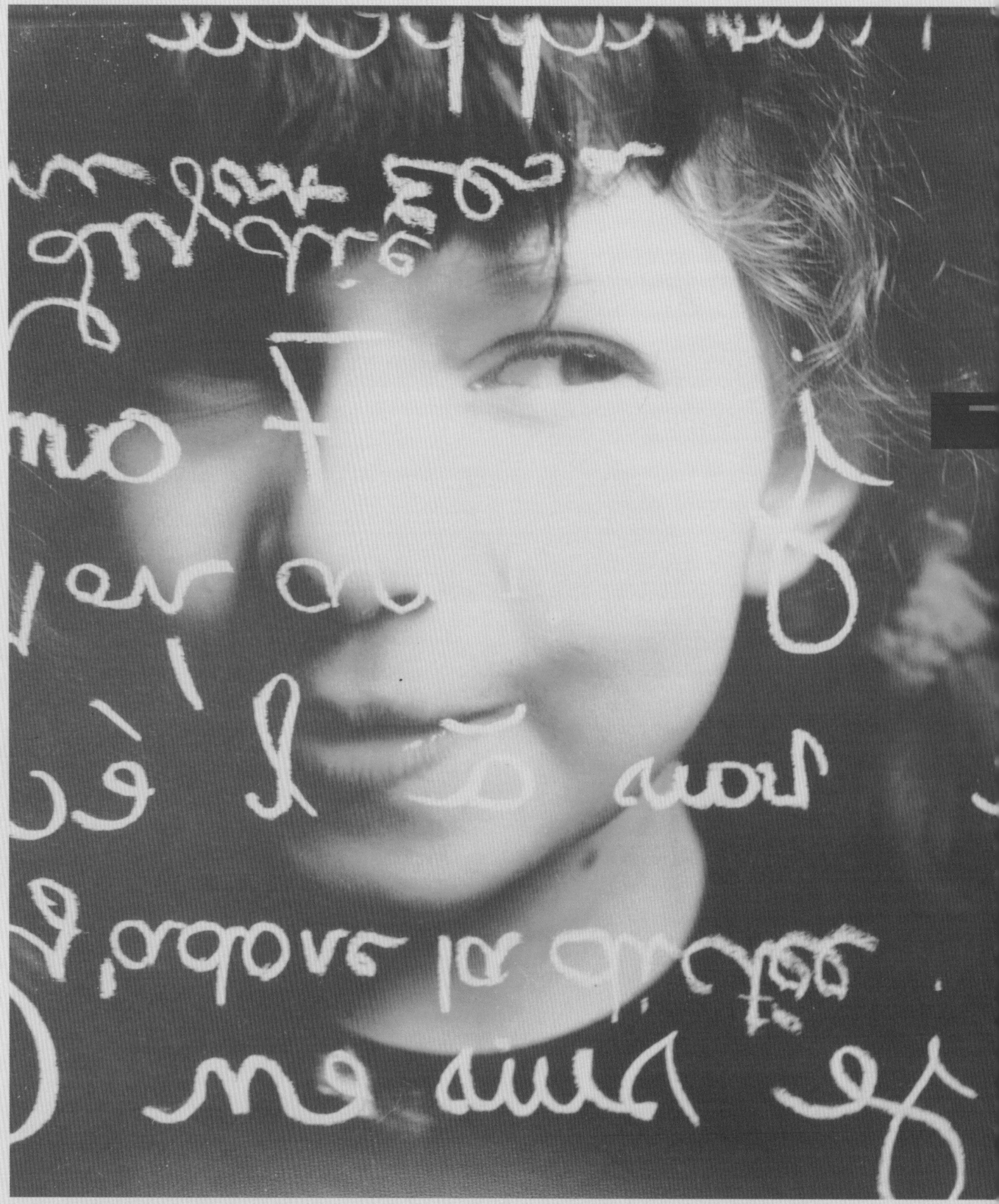

virgo

mutable, tierra, femenino

24 de agosto – 22 de septiembre

VIRGO ES LA GRAN MADRE DE LA MITOLOGÍA. SU CUERPO DA A LUZ Y SUSTENTA TODA LA VIDA, MANTENIENDO EL ORDEN MIENTRAS OTROS CREAN CAOS. EN VIRGO, LA TIERRA COMIENZA A DAR FRUTOS. SE TRATA DE UN SIGNO DE DEDICACIÓN Y TRABAJO DURO, PREPARADO PARA ACOMETER CUALQUIER ESFUERZO QUE SE PRECISE PARA LOGRAR EL OBJETIVO. VIRGO TAMBIÉN PERSONIFICA LA CAPACIDAD PARA ELEGIR Y DISTINGUIR ENTRE LO CORRECTO Y LO INCORRECTO. SU VIRTUD ES SU DESINTERÉS: MIENTRAS ALGUNOS SIGNOS SE SIRVEN A SÍ MISMOS, VIRGO SIRVE A OTROS. SI VIRGO TIENE UN DEFECTO, ES SU TENDENCIA A JUZGAR TANTO A SÍ MISMO COMO A LOS OTROS CON DEMASIADA DUREZA.

Durante los últimos 2000 años, el símbolo de Virgo más potente ha sido la Virgen María, la madre de Cristo. Aunque estrictamente ella no es un personaje mitológico, las imágenes que tenemos de ella con el niño Jesús en brazos nos recuerdan las de la poderosa diosa egipcia Isis abrazando al bebé Horus —una deidad solar que era hijo de Osiris, el rey de los cielos—. Claramente, la Virgen María estaba muy unida en las mentes de nuestros antepasados a las grandes diosas madres de la mitología antigua, igual que Isis. En las pinturas medievales, la conexión de María con Virgo era reflejada colocando la estrella Spica —la estrella de la buena fortuna de la constelación Virgo— sobre su hombro. Aunque María es benevolente, también puede ser poderosa, capaz de criar hijos sin una pareja masculina.

Andrómeda, la hermosa hija de Casiopea y el rey Cefeo de Etiopía, es otra figura Virgo. Cuando Poseidón, dios de los mares, envió un monstruo marino a asolar Etiopía, Cefeo y Casiopea ofrecieron a Andrómeda como sacrificio para aplacar al monstruo. Por suerte, fue rescatada por Perseo y sobrevivió para disfrutar de una vida larga y virtuosa.

En la iglesia católica, la Virgen María representa la visión de "la mujer perfecta". Un problema para los Virgo es su obsesión con la perfección. Han de aceptar que, ni ellos ni sus amigos, podrán jamás alcanzar tal nivel de perfección. En cambio, deberían relajarse un poco. Andrómeda acabó siendo víctima de un sacrificio. Virgo debe procurar no dejarse explotar ni que otros saquen provecho de él en beneficio propio.

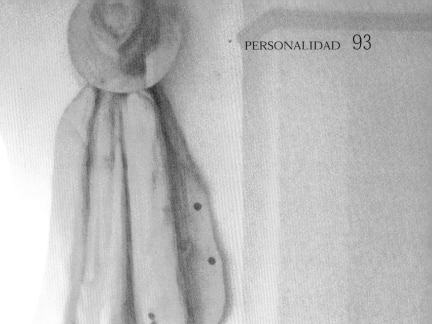

preciso
trabajador
angustiado
perfeccionista
sacrificado
cauto
controlado
consciente del deber
eficiente

verde, marrón, mercurio, topacio

Virgo es el segundo de los signos de Tierra, el compañero de Tauro y Capricornio. Juntos, estos 3 representan nuestra capacidad para aprender tareas prácticas, establecer objetivos y lograr resultados. Con Mercurio como planeta regente, Virgo afronta los problemas de forma metódica, considerando primero lo que desea lograr y examinando las posibilidades, estableciendo después sus prioridades y, finalmente, poniendo en marcha las cosas. La combinación de Tierra con el componente femenino de Virgo –igual que en Tauro– contribuye al elemento de fertilidad. Esto es lo que, tradicionalmente, une a Virgo con las figuras de antiguas diosas madre y con Ceres –utilizada en ocasiones para representar a Virgo–, la diosa de la agricultura de la antigua Roma. Virgo es también un signo mutable y, como tal, debería ser libre para cambiar de táctica al instante.

Dos consignas de Virgo son el trabajo –si no tiene cuidado, puede convertirse en un adicto a él– y el deber. El deber es tan importante para los Virgo que en ocasiones puede encontrárseles haciendo lo que creen que deben hacer, en lugar de lo que quisieran. El deber es un concepto pasado de moda en la sociedad occidental actual, en la que se nos anima a hacer lo que nos parece. Pero el mundo sería un lugar mejor si la gente tomara ejemplo de Virgo y considerara de forma activa a los otros. Y ese mundo mejor y menos egoísta es en el que cree Virgo.

Tanto énfasis en el trabajo y el deber puede convertir al Virgo en un perfeccionista y un angustiado –características que comparte con Cáncer–. Claro está, preocuparse puede ser útil, ya que las personas que se preocupan suelen planificar las cosas y evitar los escollos que encuentran sus compañeros más displicentes. Sin embargo, la angustia se convierte en un problema cuando nos paraliza e impide hacer algo por temor a que salga mal. Si Virgo reconoce este síndrome en sí mismo, al menos ha dado el primer paso para superarlo.

mercurio

VIRGO COMPARTE SU PLANETA REGENTE, MERCURIO, CON GÉMINIS, PERO CUANDO MERCURIO SE ENCUENTRA CON VIRGO, EL ÉNFASIS SE PONE EN MERCURIO COMO SÍMBOLO DE IDEAS Y LA BÚSQUEDA INTELECTUAL. ESTO SIGNIFICA QUE LOS VIRGO SON PERSONAS QUE NO SÓLO RESUELVEN COSAS, SINO QUE PIENSAN ANALÍTICAMENTE EN LO QUE ESTÁN HACIENDO. SON MUY BUENOS EN DISCIPLINAS QUE EXIGEN PRECISIÓN O CLARIDAD DE PENSAMIENTO.

El lado perfeccionista de Virgo tiene el efecto de hacerle tremendamente crítico. De igual forma que su preocupación puede llevarle a la inactividad total, su deseo de perfección puede hacerle ver sus capacidades de tal manera que acabe no intentando nada. Y al buscar la perfección continuamente, no sólo en él mismo sino también en los otros, Virgo puede acabar alejando a sus amigos y compañeros.

Tal vez se comprenda mejor a Virgo si analizamos algunas de las diferencias entre él y Leo, el signo al que sigue. Leo representa el entusiasmo puro, la creencia de que todo puede lograrse gracias a la fuerza de voluntad, mientras que Virgo nos recuerda que nada es posible sin dedicación y trabajo duro. Leo tiende a ocuparse de sus propios intereses, mientras que Virgo pasa una gran parte de su tiempo ocupándose de los de otros. Leo es también un signo al que le gusta incluir a todo y todos en su mundo, extendiendo su esplendidez y buena voluntad por todas partes. En cambio, Virgo es discriminatorio y exclusivo, seleccionando algunas personas, creencias e ideas para sí mismo y rechazando otras. La discriminación es el proceso por el cual decidimos lo que es correcto o incorrecto, bueno o malo, seguro y peligroso, agradable o desagradable; por eso, poseer la capacidad de discriminación resulta increíblemente útil.

Todo el mundo necesita un poco de Virgo en su horóscopo: a las personas que carecen de la precaución natural, eficiencia práctica y aptitudes para el detalle de este signo les vendría bien buscar a las que lo tengan. Un Virgo que carecía de estas 3 características era Luis XVI de Francia, quien encontró la muerte durante la Revolución Francesa, pero el signo abarca un gran elenco de personajes famosos, algunos de los cuales presentan tendencias Virgo más evidentes que otros. Entre ellos, destaca el poeta alemán Goethe y el escritor inglés D.H. Lawrence, además de Jesse James, Greta Garbo, la Madre Teresa, Sofía Loren, Agatha Christie, Sean Connery, Isabel I de Inglaterra y Peter Sellers.

la virgen

Las vírgenes siempre han jugado un papel clave en la religión y la mitología, normalmente como la mujer inocente que es ofrecida en sacrificio o que dedica su vida a Dios. Ifigenia en La Ilíada, las Vírgenes Vestales dedicadas a la diosa Vesta, y la Virgen María de La Biblia son buenos ejemplos. Muchos Virgo tienen dificultades para expresar sus sentimientos sexuales y tal vez prefieran mantenerlos bajo control, igual que estas vírgenes.

Las relaciones de Virgo

El gran regalo que Virgo aporta a todas sus relaciones es su disposición para ayudar a otros. Como empleado, Virgo es eficiente y trabajador y como amigo, es considerado, cariñoso y educado. Cuando está enamorado, hará lo que sea por conseguir que el objeto de sus afectos sea feliz, pero a veces debe imponerse un límite. Virgo debería asegurarse de que no se le explote y no se sacrifique hasta el punto de convertirse en un "felpudo". A veces, Virgo debe aprender a tener seguridad en sí mismo, decir lo que piensa y plantarse cuando la gente le pide cosas poco razonables.

Muchas veces los Virgo no muestran sus sentimientos, así que se les acusa de no tener ninguno. Claro está, esto no es cierto pero sí deben aprender a entrar en contacto con sus emociones. Y aunque nunca hagan gala de emociones demasiado teatrales, les resultaría liberador encontrar formas apropiadas de expresar sus sentimientos. De la misma manera, también las pasiones sexuales pueden parecerles perturbadoras. Temen que sus sentimientos sexuales –junto con sus deseos más profundos– puedan afectar al orden y estabilidad de su vida. Pero, como todos sabemos, es imposible ignorar el deseo sexual. Virgo debe aceptar este hecho.

En sus relaciones, la precaución de Virgo puede ser muy útil. Puede proteger a sus parejas de actuaciones arriesgadas, pero en

estrategias vitales

- SER UN PERFECCIONISTA PUEDE SIGNIFICAR QUE, EN OCASIONES, SE NIEGA A ACEPTAR AQUELLO QUE NO SEA LO MEJOR... Y ACABA SIN NADA. A VECES ES MEJOR CONFORMARSE CON UN "SEGUNDO PLATO".

- A VECES LE PERTURBA EL IMPULSO DE SUS PASIONES SEXUALES. EN VEZ DE TRATAR DE APLACAR ESTOS SENTIMIENTOS, DISFRUTE DE ELLOS Y GOCE EN SUS RELACIONES FÍSICAS.

- ES BUENO CONFIAR EN LOS HECHOS PARA RESOLVER PROBLEMAS, PERO DE CUANDO EN CUANDO, OLVIDE LO QUE LE DICTA SU CABEZA Y SIGA SU INSTINTO. LE RESULTARÁ LIBERADOR.

- CON FRECUENCIA AYUDA A OTROS POR SU SENTIDO DEL DEBER, PERO ESTO LE EXPONE A LA EXPLOTACIÓN, ASÍ QUE APRENDA A DISTINGUIR ENTRE LAS PERSONAS QUE LE NECESITAN DE VERDAD Y LAS QUE SE APROVECHAN DE USTED.

- SI DEBE CRITICAR A OTROS, HÁGALO DE MANERA CONSTRUCTIVA Y CON COMPASIÓN Y COMPRENSIÓN. SI ES DEMASIADO NEGATIVO, NO LE ESCUCHARÁN. EN LUGAR DE DECIRLES "NO HAGAS ESO", SUGIÉRALES "INTENTA HACERLO ASÍ". O PRUEBE A NO DECIR NADA Y DAR EJEMPLO CON SUS PROPIAS ACCIONES.

ocasiones la precaución se transforma en meticulosidad, y esto puede poner mucha presión en las relaciones. Lo que Virgo necesita es retroceder y comprender que no es preciso planificar cada detalle de la vida para que las cosas salgan bien.

Las relaciones de Virgo con los signos de Fuego –Aries, Leo y Sagitario– adquieren fuerza con sus diferencias. El entusiasmo, optimismo y espontaneidad de Aries contrastan con el cuidado, precaución y eficiencia de Virgo. Aries actúa como si disfrutara el momento, mientras que Virgo se aferra a sus planes a largo plazo. Si las 2 personas comprenden sus diferentes enfoques, el resultado puede ser una relación muy productiva de por vida, pero si no lo hacen, la incomprensión y la irritación mutua es más que probable. En lo que se refiere a Leo, la humildad de Virgo a veces puede encajar con el egoísmo de Leo, pero la relación tal vez funcione mejor cuando Virgo anima a Leo a asumir responsabilidades cotidianas y cuando Leo brinda a Virgo el apoyo que necesita para conseguir sus ambiciones más profundas. Con Sagitario, Virgo puede sentirse alienado por lo que considera una predisposición de dicho signo a asumir riesgos innecesarios y desaprovechar todo por lo que ha luchado, mientras que a Sagitario le exasperará la timidez y falta de imaginación de Virgo. Cuando esto ocurre, Virgo debería recordar lo mucho que se beneficia del atrevimiento de Sagitario, mientras que Sagitario no debería olvidar lo mucho que el sentido común y la precaución de Virgo aportan a la relación.

Las relaciones con los signos de Aire –Géminis, Libra y Acuario– se basan en una dinámica similar, con el Aire aportando las ideas, y Virgo la habilidad para ponerlas en práctica. Virgo y Géminis comparten un sentido de la curiosidad acerca del mundo que puede ser una excelente receta para la felicidad a largo plazo. Virgo y Libra pueden ser muy meticulosos acerca de su entorno, así que ambos tendrán que llegar a un acuerdo sobre cómo organizar el hogar o ¡tendrán que vivir separados! Virgo y Acuario tienen muy poco en común, así que cualquier atracción será una atracción de opuestos. Si la relación se estanca, Virgo puede irritarse ante la incapacidad de Acuario para distinguir entre lo que es posible y lo que no, mientras que Acuario se preguntará por qué Virgo es tan aburrido.

Los 3 signos de Agua –Cáncer, Escorpio y Piscis– aportan profundidad emocional a una relación con Virgo. Virgo y Cáncer valoran la seguridad del hogar y, una vez adquirido un compromiso, no lo romperán. Pero los 2 se preocupan en exceso, y pueden buscar apoyo en otro lugar. Virgo y Escorpio pueden ser personajes bastante serios. Cuando están juntos trabajarán para que la relación prospere, pero Virgo encuentra a veces a Escorpio temperamental, mientras que Escorpio considera a Virgo frío e insensible. En una relación con Piscis, Virgo se embelesa con los sueños románticos de Piscis, mientras que Piscis confía en la capacidad de Virgo para afrontar el día a día. Pero cuando las cosas van mal, Piscis comienza a despreciar lo que considera una falta de espíritu de Virgo, mientras que Virgo se desespera ante la falta de sentido práctico de Piscis.

Las relaciones de Virgo con los otros signos de Tierra –Tauro y Capricornio– son las más fáciles, porque todos están de acuerdo en que una acción vale más que mil palabras. Virgo y Tauro pueden entenderse muy bien y formar una amistad duradera de apoyo mutuo, a la que tal vez falte la emoción. Virgo y Capricornio son parecidos; cuando se

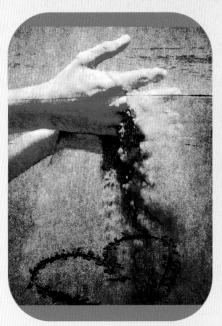

unan, harán lo posible por que la relación funcione, incluso si cambian sus sentimientos. Pero es en las relaciones entre 2 Virgo donde hay que hacer frente a la verdad. Aquí falta el entusiasmo del Fuego, las ideas del Aire y la emoción del Agua, por lo que pueden pasar por la vida ocupados con cosas insignificantes sin hacer realidad sus sueños.

La salud y el bienestar de Virgo

La preocupación y el estrés –2 de las principales características de Virgo– pueden estar relacionados con problemas digestivos, por eso no es sorprendente que en la astrología médica, Virgo rija el estómago. Tampoco sorprende que un gran número de hierbas Virgo tenga fama de digestivas. Una de ellas es el eneldo, y también la menta. Una taza con infusión de menta es el digestivo perfecto tras una comida pesada. Y como Virgo está asociado tradicionalmente con las alubias –una causa de la flatulencia– conviene saber que las semillas de helecho, otro aderezo Virgo, son célebres porque curan el problema.

A través de su planeta regente, Mercurio, Virgo también está conectado con cualquier planta que pudiera ser utilizada en rituales mágicos y adivinación, o que pudiera provocar alucinaciones, como las setas mágicas y el opio. Tal vez por este motivo una debilidad notable de Virgo puede ser comer demasiado poco y abusar de estimulantes como los cigarrillos y el café. Pero, en general, los Virgo suelen ser bastante cuidadosos con su salud y gustan de alimentos integrales, frutas y verduras. Prefieren los productos orgánicos a las comidas preparadas.

La actitud de Virgo hacia la salud suele responder al sentido común y tiende a evitar las últimas modas saludables, así que es más probable que camine o vaya en bici a trabajar o que salga de marcha a que pase

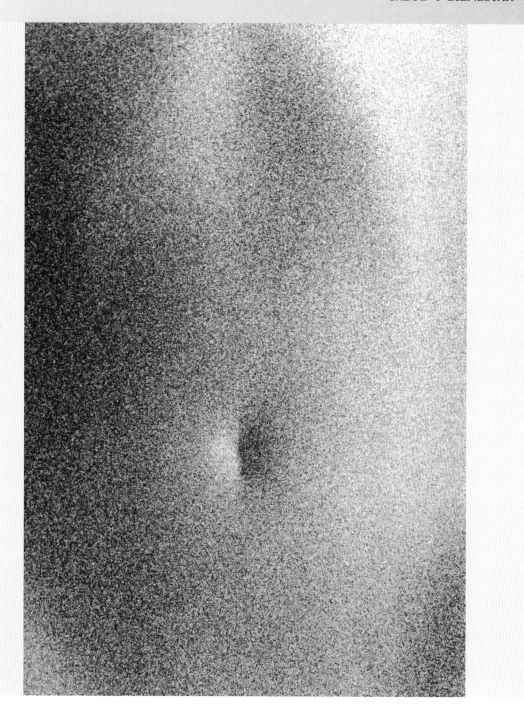

horas en las máquinas del gimnasio. Teniendo en cuenta que Virgo odia perder el tiempo y que organiza su vida hasta el último detalle, a veces se ejercita mientras hace algo más, como lavar el coche o decorar la casa.

Tradicionalmente le gusta que el hogar esté limpio y ordenado. Un hogar inmaculado, futurista, pintado de blanco y controlado por ordenador le parecería un sueño. Si no cree que puede vivir así, apártese de los Virgo, pero si le atrae la idea, relájese y disfrute a su lado.

aire fresco de Virgo

A LAS PERSONAS NACIDAS CON EL SOL EN VIRGO LES GUSTA QUE SU ENTORNO ESTÉ LIMPIO Y ORDENADO. SIN EMBARGO, ESTO NO ES APLICABLE A TODOS. SI SU HOGAR SE ENCUENTRA EN UN PERMANENTE ESTADO DE CAOS, HAGA UNA LIMPIEZA AL ESTILO VIRGO. RESERVE UN PAR DE HORAS PARA ORDENAR EL ESCRITORIO, EL ROPERO, EL COCHE O EL CONGELADOR. ORGANICE LAS COSAS DE MANERA QUE PUEDA ENCONTRARLAS FÁCILMENTE. TRANSFORMARÁ SU VIDA. SI ESTO LE SUPERA, PRUEBE SIMPLEMENTE A LIMPIAR EL BAÑO O LA COCINA.

festividades

En el hemisferio Norte, ésta es la época de la cosecha. En la Gran Bretaña rural era costumbre hacer "muñecos de maíz": pequeños muñecos decorativos hechos con tallos de maíz. Se creía que eran los descendientes de las estatuillas utilizadas en la antigüedad para dar gracias a la diosa Tierra por una buena cosecha. La diosa Ceres, que a veces simboliza el signo de Virgo, suele representarse con una gavilla de maíz.

El año nuevo judío – Rosh Hashanah – comienza después de la luna nueva de Virgo, justo cuanto la débil medialuna se eleva en el cielo vespertino. Mientras que la mayoría de los occidentales consideramos las celebraciones de Año Nuevo un momento para mirar al futuro, la tradición judía defiende que es también una ocasión para reflexionar sobre el pasado, recordar el propósito de Dios al crear el mundo y pedir perdón por los pecados. Los no judíos podrían tomar nota: ningún plan de futuro resultará a menos que nos hayamos reconciliado con el pasado.

En Rosh Hashanah es costumbre comer alimentos dulces como trozos de manzana bañados en miel y pastel de miel. Simbolizan la esperanza de que el Año Nuevo sea dulce y feliz.

Rosh Hashanah va seguido de 10 días de arrepentimiento que culminan en Yom Kippur, el Día de Expiación y la fecha más sagrada del calendario judío. Si Rosh Hashanah cae tarde, Yom Kippur se celebra después de que el Sol haya avanzado a Libra. En Yom Kippur, los judíos vuelven a pedir perdón por sus pecados y prometen llevar una buena vida en el futuro, una empresa marcada por un ayuno de 24 horas.

luna de la cosecha

UNA ILUSIÓN ÓPTICA ES LA CAUSANTE DE QUE LA LUNA
LLENA DE VIRGO PAREZCA MÁS GRANDE DE LO NORMAL. EN
TODO EL MUNDO ESTA LUNA MÁS BRILLANTE Y MÁS "GORDA"
RECIBE UNA GRAN DIVERSIDAD DE NOMBRES: LUNA DE LA COSECHA,
LUNA DE LA FRUTA, LUNA DE LA HIERBA, LUNA DE LA CEBADA, LUNA DEL
DESOVE DE LOS SALMONES, LUNA DE LAS CEREZAS, LUNA DE TODO LO MADURO, LUNA EN LA QUE
LAS CIRUELAS ESTÁN ESCARLATAS O LUNA DEL GRAN FESTÍN. MUCHOS DE ESTOS NOMBRES
SUBRAYAN LA CONEXIÓN ENTRE VIRGO, LA FERTILIDAD Y LAS ÉPOCAS DE ABUNDANCIA.

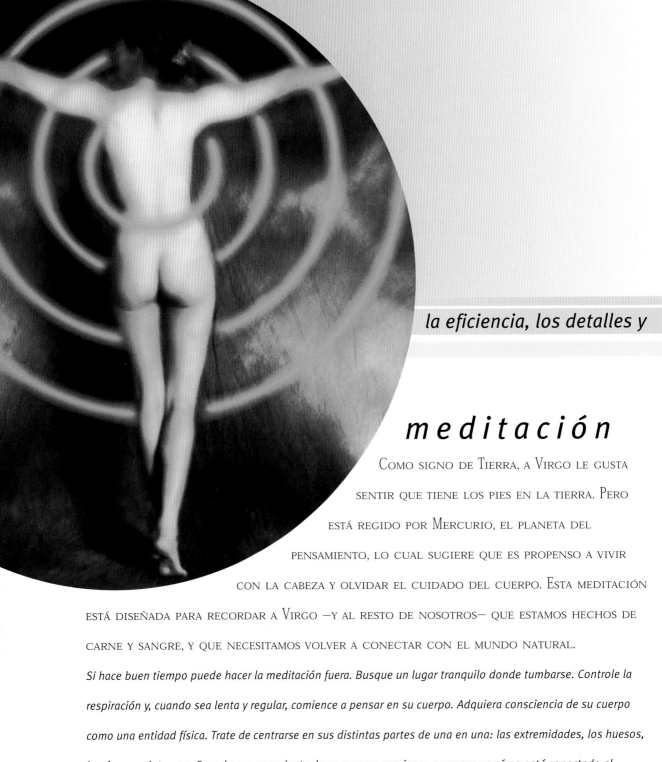

meditación

COMO SIGNO DE TIERRA, A VIRGO LE GUSTA
SENTIR QUE TIENE LOS PIES EN LA TIERRA. PERO
ESTÁ REGIDO POR MERCURIO, EL PLANETA DEL
PENSAMIENTO, LO CUAL SUGIERE QUE ES PROPENSO A VIVIR
CON LA CABEZA Y OLVIDAR EL CUIDADO DEL CUERPO. ESTA MEDITACIÓN
ESTÁ DISEÑADA PARA RECORDAR A VIRGO —Y AL RESTO DE NOSOTROS— QUE ESTAMOS HECHOS DE
CARNE Y SANGRE, Y QUE NECESITAMOS VOLVER A CONECTAR CON EL MUNDO NATURAL.

Si hace buen tiempo puede hacer la meditación fuera. Busque un lugar tranquilo donde tumbarse. Controle la respiración y, cuando sea lenta y regular, comience a pensar en su cuerpo. Adquiera consciencia de su cuerpo como una entidad física. Trate de centrarse en sus distintas partes de una en una: las extremidades, los huesos, los órganos internos. Cuando sea consciente de su cuerpo, comience a pensar en cómo está conectado al mundo material. Cada átomo de su cuerpo está compuesto de la comida que come, que a su vez se origina en la Tierra. Siéntase uno con la Tierra. Cuando esté preparado, regrese a su cuerpo. Al hacerlo, llévese consigo la energía de la Tierra. Tendrá una sensación de gran seguridad y disfrutará al saber que la Tierra cuidará de usted.

constelación

Virgo es una constelación inmensa. Aunque no siempre es fácil ver su silueta completa, las estrellas más brillantes deberían ser fáciles de avistar. Para encontrarla, mire en dirección Sureste —Noreste, si se encuentra en el hemisferio Sur— a última hora de la tarde en mayo o junio. Debería ver una estrella muy brillante: Spica, la estrella que marca el hombro de la figura de la virgen.

el sentido práctico de Virgo nos enseñan a hacer realidad los sueños

libra

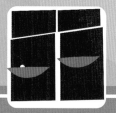

cardinal, aire, masculino

23 de septiembre – 23 de octubre

EN EL EQUINOCCIO, EL 23 DE SEPTIEMBRE, EL DÍA Y LA NOCHE TIENEN LA MISMA DURACIÓN, IGUAL QUE EL 21 DE MARZO. POR ESO LIBRA ES, POR ENCIMA DE TODO, UN SIGNO DE ARMONÍA Y EQUILIBRIO. SOPESA LAS DISTINTAS OPCIONES, RECONCILIA LOS IDEALES OPUESTOS Y TRANSFORMA EL CONFLICTO Y EL CAOS EN PAZ Y ORDEN. SU PUNTO FUERTE ES SU BUENA DISPOSICIÓN PARA TRABAJAR DURO POR UN MUNDO EN EL QUE TODOS SE LLEVEN BIEN. SU DEBILIDAD ES SU INCAPACIDAD PARA ACLARARSE, PERO ESTO SE VE COMPENSADO POR SU FE EN LA JUSTICIA Y SU CAPACIDAD PARA CREAR UN ENTORNO PACÍFICO Y ARMONIOSO.

La mitología de Libra está relacionada tanto con su símbolo (la balanza) como con su planeta (Venus). Osiris era el antiguo dios egipcio del reino de los muertos y su hijo era Anubis, el dios con la cabeza de chacal o de perro. Anubis acompañó a Osiris en su conquista del mundo y, cuando Osiris fue asesinado, creó los ritos funerarios practicados por los antiguos egipcios. Creían que la persona muerta era guiada por Anubis ante los jueces divinos, presididos por el mismo Osiris. El corazón del fallecido se colocaba en el plato de una balanza, mientras que en el otro se colocaba una pluma, que simbolizaba la verdad. Si el corazón era más ligero que la pluma, el alma era admitida en el reino de la vida eterna; si pesaba más, era consumido por el Devorador.

Frija era el equivalente nórdico de Venus. Adoraba las joyas y un día cometío adulterio para obtener un collar de oro. Su pecado fue descubierto por su marido, Odín, quien la perdonó con la condición de que provocara la guerra sangrienta. Cada noche, los hombres que habían muerto el día anterior resucitaban para ser asesinados de nuevo.

El mito de Anubis claramente se refiere a Libra como un signo de equilibrio y toma de decisiones. Aunque se tome su tiempo para llegar a una conclusión, Libra siempre sopesa los pros y los contras, sobre todo cuando se trata de asuntos importantes. La avaricia de Frija es una advertencia para Libra. Muestra las consecuencias terribles cuando el deseo por las cosas hermosas —un rasgo Libra— se convierte en pasión irrefrenable. La violencia que forma parte del mito es un anatema para el pacífico Libra; de ahí que la historia sirva de doble aviso.

diplomático
encantador
controlador
cooperador
cerebral
sociable
consciente del deber
estratega
ordenado
educado

blanco, pasteles, ocre

Libra está lleno de contradicciones. Junto con Aries, Cáncer y Capricornio, es uno de los signos cardinales duros, que controla su entorno e influye en los acontecimientos en lugar de verse dominado por ellos. No obstante, Libra odia el conflicto, y salirse con la suya sin provocar confrontación exige un equilibrio muy delicado. Así pues, es una suerte que el signo sea tan bueno reconciliando opuestos y encontrando una vía intermedia, cualidades simbolizadas por su balanza en perfecto equilibrio. De hecho, se dice que el propósito de Libra es preservar el equilibrio y la armonía en todas las cosas, lograr la paz a cualquier precio. El concepto inglés de juego limpio es típico de Libra. Y siendo su planeta regente Venus, el planeta de la paz y el símbolo de amor y afecto, se refuerza la idea de Libra como un signo que huye del conflicto. Todo esto le convierte en un ejemplo maravilloso para las personas agresivas y polémicas, y no resulta sorprendente saber que, en un listado de profesiones supuestamente adecuadas para Libra, la carrera diplomática siempre estaría entre las primeras.

El ser un signo de Aire también hace que Libra sea muy bueno analizando sus sentimientos (en ocasiones, a costa de no experimentarlos). Pero, claro está, los Libra son humanos, con esperanzas, temores, necesidades y deseos como el resto de los mortales. Lo que diferencia a Libra es que a veces no está de acuerdo con la idea moderna de que la gente debería ser libre para hacer lo que desee cuando quiera. Asume que a veces hay que reservarse los sentimientos personales si todos quieren vivir y trabajar juntos y en paz.

Libra es también famoso por tomarse su tiempo y sopesar los pros y los contras de una situación, tanto si se trata de algo tan mundano como elegir la mejor ruta a casa de un amigo, o una empresa más importante como si trasladarse o no al extranjero por motivos laborales. En tales circunstancias, Libra exprime al máximo su

venus

LIBRA COMPARTE SU PLANETA REGENTE, VENUS —EL PLANETA MÁS BRILLANTE DEL CIELO— CON TAURO. CUANDO SE ASOCIA CON TAURO, DOMINAN LOS ATRIBUTOS DE VENUS COMO DIOSA DEL AMOR, PERO CUANDO VENUS SE ASOCIA CON LIBRA, PREVALECE VENUS COMO DIOSA DE LA PAZ. NO HAY NADA QUE LE GUSTE MÁS A LIBRA QUE MANTENER LA PAZ Y PROPICIAR LA ARMONÍA DONDE EXISTA EL DESACUERDO. SI HAY 2 PARTES RIVALES, ESTE SIGNO LOGRARÁ QUE LLEGUEN A UN ACUERDO, COOPEREN Y, TAL VEZ INCLUSO, SE QUIERAN UN POQUITO.

capacidad para prever las consecuencias de sus actos. Preparará el terreno con escrúpulo y atención antes de hacer nada, pero le preocupan menos las nimiedades prácticas en un sentido Virgo, que las reacciones de otras personas y la necesidad de alcanzar un acuerdo. En consecuencia, se suele acusar a Libra de indecisión. Una cosa es vacilar en asuntos de vida o muerte, y otra muy distinta es que Libra siga reflexionando sobre la carta de un restaurante cuando sus compañeros han acabado su comida. Hay momentos en que Libra puede aprender de su signo opuesto, Aries, y tratar de asumir un riesgo ocasional.

Los personajes nacidos con el Sol en Libra son de lo más variado. Entre ellos destacan: Mahatma Gandhi, Margaret Thatcher, John Lennon, Auguste Lumière – el pionero francés de la cinematografía – Brigitte Bardot, Marie Stopes y la tenista Martina Navratilova.

Las relaciones de Libra

Libra es gracioso, educado, encantador y buena compañía. En resumen, es el signo de la camaradería. Suele buscar un individuo especial que le anime y apoye, pero con frecuencia acaba teniendo estrechas relaciones personales con una serie de personas.

Como los Libra quieren llevarse bien con todo el mundo y les importa mucho caer bien, en su búsqueda de amigos y parejas, suelen caer en la trampa de negarse a reconocer las diferencias irreconciliables entre ellos y otros. Por mantener las buenas relaciones, también pueden sacrificar sus propias necesidades y deseos y, como a Libra le preocupa tanto la impresión que causa, en ocasiones se conforma con una relación únicamente por las apariencias.

Este comportamiento era la norma y gozaba de aprobación general en épocas pasadas, pero hoy en día ha caído en desuso.

Como signo de Aire, Libra vive en un mundo de ideas, por eso trata de dar sentido a sus relaciones en lugar de disfrutarlas sin más. Tiende a abordar una relación cargado de ideas preconcebidas acerca de la otra persona y de lo que debería ser la relación. Eso está bien si su pareja encaja en el molde, pero tendrá problemas si intenta cambiarle para que encaje en su modo de ver las cosas ordenado y cuadriculado. En el universo de Libra, las emociones pueden ser cosas descuidadas que provocan todo tipo de traumas e inconvenientes impredecibles, pero para ser una persona completa, Libra debe aprender a entrar en contacto con sus sentimientos y experimentar los altibajos de la pasión humana.

Las relaciones de Libra con los 3 signos de Tierra —Tauro, Virgo y Capricornio— no suelen considerarse compatibles, pero este enfoque pasa por alto las cualidades que cada signo aporta al otro y, sobre todo, el hecho de que los signos de Tierra dan a Libra estabilidad y seguridad. Libra y Tauro comparten un amor por la belleza, que puede ponerles de acuerdo a la hora de decorar la casa, y que también puede sintonizarles a nivel profesional. Libra y Virgo son perfeccionistas y siempre luchan por un mundo mejor. Si comparten las mismas metas y son conscientes de que no siempre estarán de acuerdo, pueden tener una relación extremadamente positiva, pero cuando chocan puede resultar muy difícil encontrar un terreno común. Cuando Libra se une a Capricornio, la relación puede funcionar muy bien, ya que Capricornio pone en práctica las ideas de Libra, mientras que Libra aporta las habilidades sociales de las que Capricornio carece.

estrategias vitales

- CON FRECUENCIA SE SIENTE COMO SI ESTUVIERA PRESIONADO POR OTROS PARA TOMAR UNA DECISIÓN. EN LUGAR DE APRESURARSE, EXPLÍQUELES QUE NECESITA MÁS TIEMPO. SI SE LE ACABA EL PLAZO, ANOTE LOS PROS Y LOS CONTRAS DE CADA POSIBLE ELECCIÓN, CONSIDERANDO LAS CONSECUENCIAS POSIBLES (LOS RIESGOS, ADEMÁS DE LAS VENTAJAS) DE CADA ACTO. ESTO DEBERÍA AYUDARLE A ACLARAR SUS PENSAMIENTOS Y A TOMAR UNA DECISIÓN FINAL.

- NECESITA MANTENER SU ENTORNO HERMOSO Y APACIBLE. SI LAS PERSONAS CON LAS QUE CONVIVE LLENAN EL HOGAR DE DESORDEN Y RUIDO, INTENTE AL MENOS RESERVAR UN ESPACIO LIMPIO Y TRANQUILO PARA USTED SOLO.

- CREAR PAZ Y ARMONÍA LE HACE SENTIR BIEN. DISFRUTA SABIENDO QUE HA HECHIO ALGO PARA LOGRAR UN MUNDO MEJOR. PERO SI SE ESFUERZA POR ARREGLAR ALGO O RESOLVER UN CONFLICTO Y NO TIENE ÉXITO, DEBERÁ PLANTEARSE SI EL ESFUERZO MERECE LA PENA. TAL VEZ SEA MEJOR DEJAR QUE OTROS SOLUCIONEN SUS PROPIOS PROBLEMAS DE VEZ EN CUANDO.

- ¿SE ESTÁ RESERVANDO SUS SENTIMIENTOS HACIA ALGUIEN? SI ES ASÍ, ANOTE SUS SENTIMIENTOS EN UN PAPEL Y TRATE DE ENCONTRAR UN MODO DE DECIRLE A LA OTRA PERSONA CÓMO SE SIENTE.

- DEJE DE PREOCUPARSE POR LA POSIBILIDAD DE NO GUSTAR A LA GENTE. NO ES NECESARIO QUE TODOS SEAN SUS AMIGOS.

Libra siempre hace lo posible por llevarse bien con todo el mundo, incluso con los impacientes e impetuosos signos de Fuego –Aries, Leo y Sagitario–, a quienes consigue apaciguar. La relación entre Aries y Libra puede ser estrecha y, cuando lo es, forman algo parecido a una sociedad de admiración mutua. A Aries le encanta la suavidad de Libra, mientras que a Libra le llama la atención la falta de piedad de Aries. Cuando se distancian, a Libra le irrita la indecisión de Libra, mientras que a Libra le enerva la agresividad de Aries. Libra y Leo comparten el gusto por el placer, aunque a los Libra no les agrada que los Leo se excedan. Libra y Sagitario pueden encajar, pero tal vez llegue un momento en el que Libra quiera "hacer lo correcto", mientras que Sagitario prefiere actuar a su antojo.

Los 3 signos de Agua –Cáncer, Escorpio y Piscis– suelen sentirse atraídos por la calma intelectual de Libra. Imaginan que Libra puede enfrentarse a todo gracias a sus emociones tempestuosas. También creen que Libra sabe todo acerca de las relaciones. Por su parte, a Libra le emociona la intensidad de los signos de Agua, pero si surgen problemas, encontrará a los Agua inmaduros y demasiado emocionales. Libra y Cáncer comparten la ambición y el deseo de una vida mejor que les da el ser signos cardinales, pero como a los 2 les gusta tener el control, pueden verse enfrentados al convivir. Cuando Libra está con Escorpio, la habilidad de Libra para restar importancia a sentimientos incómodos choca a menudo con el deseo de Escorpio de desafiar tabúes y desenterrar pasiones ocultas. Libra y Piscis suelen formar la mejor relación porque a ambos les gusta guardar las apariencias y evitar lo desagradable.

En lo referente a los signos de Aire, las relaciones de Libra con otros Libra suelen verse marcadas por una gran empatía y un deseo de llevarse bien, pero a veces carecen de emoción y espontaneidad. Intercambian ideas y se ponen de acuerdo en lo que se ha de hacer, pero nunca lo hacen. Libra y Géminis pueden entablar una relación muy amistosa, aunque Libra puede considerar a Géminis despistado y desorganizado, mientras que a Géminis no le gusta que Libra le diga lo que debe hacer. Libra y Acuario a veces se reconocen como la pareja ideal, pero la necesidad de certeza de Libra puede chocar con la creencia de Acuario de que tiene derecho a hacer lo que quiera.

La salud y el bienestar de Libra

Libra rige los riñones en la astrología médica. Éstos juegan un papel importante a la hora de limpiar el cuerpo de toxinas, y se dice que un gran número de plantas asociadas con Libra contribuyen a este proceso. Una de ellas es el tomillo, que también es antiséptico; otra es el diente de león, también famoso por aliviar la gota, el reumatismo

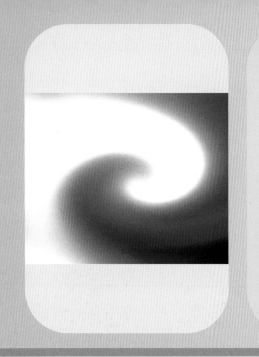

y las articulaciones doloridas; y una tercera es el rábano picante, que incita al sistema glandular a deshacerse de las sustancias nocivas, ayudando así a los riñones. Libra, como signo del equilibrio, está también a tono con el concepto del Yin y el Yang, los 2 principios complementarios de la filosofía china; se cree que su interacción mantiene la armonía del universo e influye en todo. El objetivo de las prácticas de Feng Shui y la acupuntura china es intentar lograr el equilibrio entre el Yin y el Yang en nosotros mismos y en nuestro entorno.

Los signos como Piscis y Tauro son felices en entornos tranquilos, pero para que Libra se mantenga sano, la paz es primordial. Cualquier atisbo de conflicto provoca una rápida subida de los niveles de estrés en Libra y, cuando se siente tenso, puede exagerar casi cualquier queja. Así pues, no sorprende que el entorno ideal de Libra sea limpio y despejado. Le gusta que su hogar esté decorado con colores y adornos a juego, y prefiere el blanco plácido y los tonos pastel. Siempre que pueda, añadirá un toque de clase con objetos de buen gusto y obras de arte. De hecho, una característica de los Libra es su capacidad para crear ambientes. Es como si fueran diseñadores de interiores natos, con un gran sentido de la combinación.

A la hora de mantenerse en forma, a Libra no le gusta sufrir, así que raras veces participa en deportes duros y competitivos. Según algunos astrólogos, el juego de cricket, con sus complicadas reglas de etiqueta y sus resplandecientes atuendos blancos, es un deporte clásicamente Libra. La analogía podría ampliarse al squash y al tenis, 2 juegos de pelota practicados en entornos agradables. Pero, con su preocupación por las apariencias, Libra muchas veces se siente atraído hacia ejercicios que, por ejemplo, tonifiquen los músculos del estómago en lugar de contribuir a una buena salud general.

Y como los Libra están tan preocupados por las apariencias, tienden a trabajar duro para llegar al máximo. Son muy buenos en este aspecto. Su estilo de vestir es sencillo y atractivo. Procuran pasar desapercibidos, pero pueden llamar la atención precisamente por ir tan bien vestidos. En ocasiones también pueden preocuparse en exceso por las apariencias y, tal vez, deberían estar más preparados para ser ellos mismos en lugar de preocuparse por lo que piensan otros. Si es usted pareja de un Libra, espere una existencia tranquila y sin estrés, aunque de cuando en cuando, deseará que Libra se suelte la melena, se relaje y viva un poquito.

aire fresco
de Libra

¿Hay algo que ha estado posponiendo, o alguna decisión que ha evitado tomar? La indecisión nos afecta a todos, así que aproveche esta oportunidad para resolver cualquier problema que le haya estado rondando. Libra es conocido por su capacidad para sopesar puntos de vista, así que siga su ejemplo y repase todos los pros y los contras: merece la pena ver todas las caras de un asunto.

festividades

La festividad más célebre de Libra, la de los Grandes Misterios Eleusinos, tenía lugar en en la antigua Grecia, en Eleusis, un lugar sagrado cerca de Atenas. Comenzaba el 23 de septiembre, día del equinoccio de otoño y uno de los momentos de equilibrio del viaje solar. Alrededor del año 360 d. C., el emperador romano Juliano escribió su himno a Cibeles, la madre de los dioses, en el que decía que "la diosa eligió como su provincia el ciclo del equinoccio. Porque los Misterios más sagrados y secretos se celebran cuando el Sol está en el signo de Libra". Los Misterios incluían rituales, procesiones y ofrendas a la diosa. La remisión de los pecados era el objetivo principal de la festividad, y su mito era el de la abducción de Coré (Perséfone para los antiguos griegos, Proserpina para los

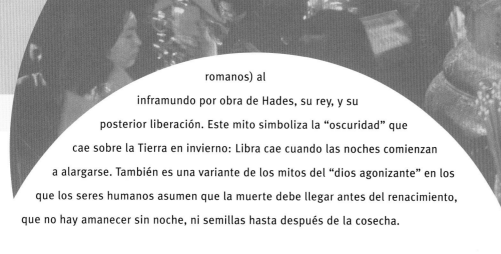

romanos) al inframundo por obra de Hades, su rey, y su posterior liberación. Este mito simboliza la "oscuridad" que cae sobre la Tierra en invierno: Libra cae cuando las noches comienzan a alargarse. También es una variante de los mitos del "dios agonizante" en los que los seres humanos asumen que la muerte debe llegar antes del renacimiento, que no hay amanecer sin noche, ni semillas hasta después de la cosecha.

En la época moderna, Libra presencia las festividades de la cosecha celebradas en Vietnam y China. En Vietnam, la luna llena del octavo mes lunar, normalmente a finales de septiembre en el Oeste, es la excusa para el festival de la cosecha Tet Trung Thu. Los niños, que representan la fe en el futuro, son los protagonistas. Desfilan por las calles, portando faroles elaborados y cantando y golpeando gongs y tambores. Reciben juguetes y frutas escarchadas, y comen un pastel especial con forma de medialuna llamado *banh trung thu*.

En el festival chino de la cosecha de la Luna, los llamados "pasteles de luna" contienen yemas de pato cocidas que representan la Luna. Los niños cantan una hermosa canción que, más o menos, dice así: "Estamos ahora en mitad del otoño y la luna es redonda. El abuelo está haciendo pasteles de luna para mí. El pastel de luna es redondo, dulce y delicioso. Un pedazo de pastel de luna, un pedazo de corazón".

como el signo de la balanza, Libra propicia el juego limpio,

una meditación

LIBRA ES EL SIGNO DE COLABORACIÓN CON OTROS, Y SU POSICIÓN EN LA CARTA ASTRAL INDICA EL ÁREA DE LA VIDA DONDE PROBABLEMENTE BUSQUEMOS PAREJA, PIDAMOS COLABORACIÓN Y TRABAJEMOS POR LA PAZ. ESTA MEDITACIÓN ESTÁ DISEÑADA PARA AYUDARNOS A COMPRENDER NUESTRAS RELACIONES Y LO QUE NECESITAMOS DE OTRAS PERSONAS.

Busque un lugar tranquilo. Túmbese, relájese, cierre los ojos, respire hondo y de manera pausada. Cuando su mente esté en calma, piense en alguien que sea muy importante para usted. Podría ser alguien del presente o del pasado, un amigo, familiar, amante, profesor, colega de trabajo... cualquiera. Imagínese a usted y a esa persona de pie, mirándose el uno al otro, completamente inmóviles. ¿Qué le gusta de la otra persona? ¿Se trata de una característica que desea tener usted? Imagine que su cuerpo y mente se funden con los del otro. Sienta como si estuviera cobrando sus fuerzas. Lo que puede hacer esa otra persona, también puede hacerlo usted. Cuando abra los ojos, se sentirá más seguro de sí mismo, menos dependiente de otros y más capacitado para controlar su vida.

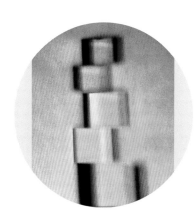

constelación

La manera más fácil de ver Libra es encontrar a Virgo y luego mirar hacia la izquierda (hacia la derecha si se encuentra en el hemisferio Sur) al siguiente gran grupo de estrellas: ésta es la constelación de Libra. Sus 2 estrellas más brillantes son Zubanelgenubi (palabra árabe para "garra del Sur") y Zubaneschamali ("garra del Norte"), de la que cuelgan los 2 platos de la balanza. Estos nombres sugieren que Libra puede haber formado alguna vez parte de Escorpio. Zubaneschamali es la más baja de las 2 estrellas y supuestamente la única estrella verde del cielo. El que nadie se aclare al respecto es quizá un reflejo de la indecisión de Libra.

la justicia y el respeto por las distintas creencias y opiniones

escorpio

fijo, agua, femenino

24 de octubre – 22 de noviembre

Escorpio es un signo profundo, oscuro y misterioso, conocido por su intensidad y pasiones. Nos traslada a los reinos ocultos de la intuición y el instinto, y es el puente entre este mundo y el siguiente, entre el cuerpo y el espíritu, la materia y la energía. Es el signo del sanador y el experto en tratar heridas emocionales. Escorpio también representa la regeneración y el renacimiento. Su debilidad es su disposición para guardar rencor y jurar venganza, pero sus puntos fuertes son su lealtad a los amigos y su buena voluntad para ayudar a los que lo necesitan. Su sentido de la justicia y la rectitud son ejemplares, pero a veces juzga a los otros con demasiada dureza.

Las criaturas Escorpio más fascinantes de la mitología son los hombres escorpión del poema épico Gilgamesh. Gilgamesh —héroe solar y rey de Mesopotamia— realiza un viaje que se asemeja al del Sol en su recorrido a lo largo del año. Gilgamesh se encuentra con los terribles hombres escorpión que guardan la montaña que protege al Sol. Le preguntan por los motivos de su viaje, y él revela que desea comprender los secretos de la vida y la muerte para aceptar un dolor que había sufrido. Tras decidir que se trata de una búsqueda noble, los hombres escorpión permiten a Gilgamesh continuar, pero debe hacerlo a oscuras. Por último, Gilgamesh llega al final de su viaje: allí brilla el sol y hay un nuevo y brillante amanecer.

Otra leyenda de escorpiones concierne a Hércules y La Hidra, un monstruo con 9 cabezas, que vivía en una cueva de escorpiones en medio del maloliente pantano de Lerna. La tarea de Hércules era matar a La Hidra, pero cada vez que le cortaba una de sus cabezas, le crecían 2 más en su lugar. Al final, Hércules entró en la cueva portando una antorcha encendida que mató a la Hidra con su resplandor.

Se dice que los viajes mitológicos representan la adquisición de la conciencia de uno mismo, y como Escorpio es un signo supuestamente adepto a comprender a la gente, parece apropiado que los hombres escorpión ayudaran a Gilgamesh en su viaje. Se cree que La Hidra representa nuestros temores más profundos, que sólo pueden superarse al sacarlos a la luz. Éste es un mensaje de utilidad para Escorpio, que tiende a guardarse los sentimientos.

poético
perspicaz
apasionado
reservado
vengativo
romántico
meditabundo
precavido
temeroso

rojo oscuro, negro, hierro

El planeta regente de Escorpio es el enérgico y autoritario Marte, pero como signo de Agua, es también emocional, respondiendo a los acontecimientos según le dicten los sentimientos y persiguiendo metas según sus deseos y pasiones. Junto con Tauro, Leo y Acuario, es un signo fijo, y como ellos, es leal, fiel y capaz de amar sin límite, pero el inconveniente es que puede ser obstinado y enemigo del cambio. Así que, aunque Escorpio es conocido por ser un amigo y compañero devoto, en ocasiones puede volverse rutinario. Lo que debe aprender es a ser más flexible, más dispuesto al compromiso, más abierto a considerar los puntos de vista de otros y, como Cáncer, a estar más preparado para dejar marchar el pasado.

El símbolo de Escorpio es el escorpión, una criatura con un aguijón en la cola que pasa gran parte de su vida ocultándose bajo las piedras y en las grietas de las rocas. Muchos oficios clásicos de Escorpio tienen que ver con el hermetismo del signo. Entre ellos, destaca el trabajo de espía, que debe operar encubiertamente sin ser descubierto, y el de detective, que tiene que atrapar criminales aprendiendo sus secretos. Escorpio también se considera un buen signo para el sacerdocio, cuyo trabajo consiste en parte en escuchar los secretos de las personas, y para la psicología, que tienen que analizarlos y explicarlos.

Pero la tendencia del escorpión a vivir en lugares tranquilos y oscuros, y su aguijón son, en realidad, medidas protectoras, y lo mismo ocurre con Escorpio. No es el deseo lo que empuja al signo a mantener sus emociones y actos en secreto, sino la falta de confianza, porque Escorpio teme las críticas y prefiere alejarse del conflicto. Salvará los obstáculos alejándose de ellos hasta que cedan o, al igual que los otros signos de Agua, Cáncer y Piscis, esquivándolos. Si Escorpio decide alcanzar sus ambiciones, preferirá hacerlo sin confrontación.

marte y plutón

ESCORPIO COMPARTE SU PLANETA REGENTE, MARTE, CON ARIES. MARTE FUE EN UN PRINCIPIO DIOS DE LA FERTILIDAD Y LA AGRICULTURA, Y POR ESO SE ASOCIABA CON LA SEXUALIDAD Y, SOBRE TODO, LA POTENCIA MASCULINA. DE AQUÍ PROCEDE LA IDEA DE QUE ESCORPIO ES UN "SIGNO SEXY", PERO TAL VEZ SERÍA MEJOR CALIFICARLE DE "SIGNO APASIONADO", YA QUE LOS ESCORPIO SON CONOCIDOS POR SUS PASIONES INTENSAS, INCLUSO SI LAS MANTIENEN OCULTAS. PLUTÓN, DESCUBIERTO EN 1930, ES EL PLANETA CONOCIDO MÁS ALEJADO DEL SOL. ESTO LE DA UN HALO DE MISTERIO... IGUAL QUE ESCORPIO.

Al igual que ocurre con su vida emocional, las emociones intensas de Escorpio son legendarias, pero este signo es tan habilidoso ocultando sus sentimientos, que la gente da por hecho que carece de emociones. Pero la verdad es bien distinta, pues Escorpio a menudo se siente agotado tras la marcha vertiginosa que adquieren sus emociones, a veces en el transcurso de un solo día. Cuando da la impresión de ser frío, es porque levanta una barrera protectora a su alrededor. En ocasiones teme que, en cuanto exprese un sentimiento, el resto fluirá en un torrente irrefrenable, y le asustan las reacciones que esto provocará en el resto.

Tal vez por ser tan discreto con las emociones difíciles, Escorpio es considerado un signo de curación, sobre todo de curación emocional o espiritual. Se dice que es un signo que alberga profundos pesares y por ello está preparado para comprender las heridas de otras personas. El asesoramiento, la terapia y la psiquiatría son profesiones ideales para Escorpio, aunque el signo logra sus mejores momentos cuando da consejo a los seres queridos. Escucha con atención, sintoniza bien y ofrece soluciones consideradas y perspicaces.

Si Escorpio desea tener buena "prensa", debe prestar más atención a su formalidad y menos a sus supuestas cualidades taimadas. Porque cuando Escorpio encuentra algo en lo que cree, ya se trate de sus amistades, su trabajo o sus hijos, hará todo lo posible por conservar ese algo, sin importarle el coste o riesgo personal. Esto convierte a Escorpio en un amigo de verdad, un empleado digno de confianza y un padre bondadoso. Además, Escorpio posee un gran sentido del humor, posiblemente porque comprende que la mejor manera de enfrentarse a algunos problemas de la vida es riéndose de ellos.

el escorpión

Los escorpiones viven ocultos bajo las piedras y en grietas oscuras, y atacan con su terrible aguijón cuando se sienten amenazados. De su asociación con estas criaturas procede la reputación de Escorpio de hermético, sobre todo en lo relacionado con sus actos y emociones, su disposición para vengarse de cualquiera que le ofenda, y su decisión.

Algunos personajes famosos nacidos con el Sol en Escorpio son: Pablo Picasso, Rock Hudson, Marie Curie, Indira Gandhi, María Antonieta, Hillary Clinton, Cleo Laine, Roseanne, Tatum O'Neal, el príncipe Carlos de Inglaterra, Vivien Leigh, Charles de Gaulle, Richard Burton, Demi Moore, Leonardo di Caprio, el futbolista brasileño Pelé, y los poetas Dylan Thomas, John Keats y Sylvia Plath.

Las relaciones de Escorpio

Mantener una relación con un signo tan extremista y emocionalmente intenso como Escorpio puede ser abrumador. A buen seguro será una experiencia para recordar. Para empezar, a veces se describe a Escorpio como un signo sensual, una asociación que surge probablemente tanto de la naturaleza apasionada del signo como del hecho de que, en la astrología médica, Escorpio rige los órganos reproductores. De hecho, Escorpio lucha con sus pasiones, preguntándose si debería perseguir sus deseos al margen del riesgo o llevar una vida segura.

Para ver cómo Escorpio maneja sus relaciones, es más fácil fijarse en su símbolo, el escorpión. Al oscuro y misterioso Escorpio le resulta muy difícil hablar acerca de sus sentimientos. Incluso cuando quiere, a veces no encuentra las palabras adecuadas. Así pues, no sorprende que surjan malentendidos y cuando Escorpio no expresa lo que piensa, su pareja

- COMO SIGNO FIJO, TIENDE A DESARROLLAR IDEAS RÍGIDAS QUE PUEDEN LLEVARLE A UN PENSAMIENTO DOGMÁTICO ACERCA DE LAS PERSONAS, POLÍTICA Y RELIGIÓN. PROCURE SER CONSCIENTE DE ESTO Y ABRIR SU MENTE A OTRAS POSIBILIDADES.

- SI UNA RELACIÓN HACE QUE SE SIENTA HERIDO O RECHAZADO, SUELE METERSE EN SU AGUJERO DE ESCORPIÓN PARA EVITAR RELACIONES FUTURAS. PERO UNA MALA EXPERIENCIA NO SIGNIFICA QUE TODAS LAS RELACIONES SEAN MALAS. TRATE DE CONFIAR DE NUEVO EN LA GENTE Y APRENDA A ABRIRSE.

- TIENE DERECHO A GUARDAR SUS SECRETOS, PERO RECUERDE QUE SI NO DEJA QUE OTROS SEPAN LO QUE SIENTE, NO PUEDE QUEJARSE DE QUE NO LE COMPRENDEN.

- ¿HAY ALGO QUE LLEVA TIEMPO QUERIENDO DECIR A ALGUIEN? INTENTE ENCONTRAR LA MEJOR FORMA POSIBLE DE HACERLO Y, SI ESTÁ NERVIOSO, COMIENCE ENSAYANDO CON UN AMIGO PARA ADQUIRIR CONFIANZA.

- A MENUDO GUARDA CIERTOS RENCORES, LO CUAL NO SIEMPRE JUEGA A SU FAVOR, YA QUE PUEDE ALEJARLE INNECESARIAMENTE DE ALGUIEN. SI UNA PERSONA LE OFENDE, PREGÚNTESE SI QUISO HACERLO DE VERDAD. SI LLEGA A LA CONCLUSIÓN DE QUE NO LO PRETENDÍA, INTENTE DEJAR ATRÁS EL RENCOR.

- SUS ACTOS CON FRECUENCIA SE BASAN EN SENTIMIENTOS ARRAIGADOS EN EL PASADO. EVITE ESTO; DE LO CONTRARIO, LO QUE HAGA PODRÍA VERSE AFECTADO POR ACONTECIMIENTOS QUE NO TIENEN NADA QUE VER CON LAS CIRCUNSTANCIAS ACTUALES.

- EL HECHO DE QUE SU SIGNO SOLAR SEA ESCORPIO, NO SIGNIFICA QUE TENGA DERECHO A DECEPCIONAR A OTROS O A VENGARSE DE CUALQUIERA QUE CREA QUE LE HA OFENDIDO.

- RECUERDE QUE USTED NO ES LA ÚNICA PERSONA SENSIBLE DEL MUNDO. SI ALGUIEN CERCANO A USTED ESTÁ TRISTE, INTENTE SER EL PRIMERO EN OFRECERLE SU APOYO Y COMPRENSIÓN.

puede llegar a la conclusión equivocada, a veces con resultados desastrosos. No hay duda de que Escorpio puede ayudar esforzándose por ser más abierto.

Escorpio también tiene fama de ser celoso y posesivo, pero no necesariamente porque piense que es dueño de otras personas o cree que tiene derecho a controlarlas. El motivo es que Escorpio –igual que Cáncer (los escorpiones y los cangrejos tienen pinzas)– odia el cambio; por eso trata de aferrarse a una relación incluso cuando ésta ha acabado. Quitar los frenos para que una relación funcione e intentar superar una época difícil es admirable, pero Escorpio en ocasiones debe reconocer que ha llegado el momento de avanzar.

Las relaciones de Escorpio con los 3 signos de Aire –Géminis, Libra y Acuario– están marcadas por el choque entre la pasión en estado puro de Escorpio y la creencia en la importancia de las cosas de los signos de Aire. Cuando surgen problemas, los Aire creen que todo iría bien si alguien razonara, mientras que Escorpio cree que todos deberían seguir sus impulsos. No sorprende que estos signos entablen a veces un diálogo de sordos, pero cuando las relaciones entre ellos funcionan, los Aire quedan fascinados por las profundidades ocultas de Escorpio, mientras que

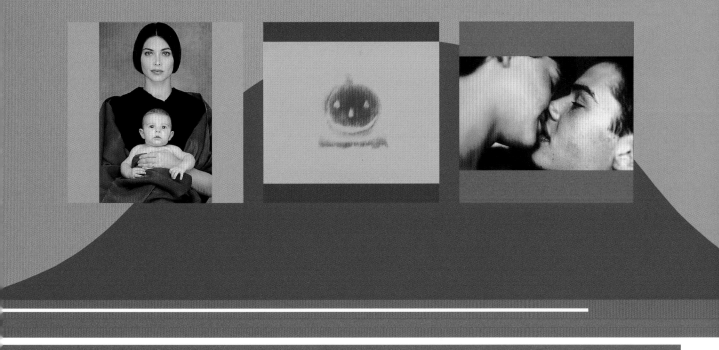

éste encuentra refrescante el enfoque claro y racional de los Aire. Escorpio y Géminis son una mezcla extraña, pero se llevan bien siempre que a Escorpio le guste que Géminis hable de todo, y que a Géminis no le moleste que Escorpio no hable de nada. Escorpio y Libra tienen en común una vena perfeccionista, pero a Escorpio le parece superficial Libra, y Libra puede acusar a Escorpio de ser irritable. Escorpio y Acuario forman la pareja perfecta si comparten ambiciones, pero su terquedad puede provocar desacuerdos hasta en los detalles más nimios.

Las relaciones con los 3 signos de Fuego –Aries, Leo y Sagitario– puede ser apasionada cuando comparten las mismas metas, pero si los objetivos y opiniones de Escorpio difieren de los Fuego, el resultado puede ser la frustración y la incomprensión. La determinación de Escorpio de salirse con la suya en secreto puede chocar también con el deseo de los Fuego de hacer públicas sus ambiciones. Escorpio y Aries son muy distintos: Aries es abierto, mientras que Escorpio es hermético y complicado, pero ambos tienen decisión. Si tienen la misma meta, pueden formar una relación productiva y duradera. Escorpio y Leo pueden llevarse bien si comparten objetivos, pero el más ligero distanciamiento puede ser un problema porque –como Escorpio y Acuario– se niegan a comprometerse. Además, a Escorpio puede molestarle la dramatización de los pequeños problemas de Leo, mientras que Leo no soporta lo perturbador de Escorpio. Las relaciones de Escorpio con Sagitario se basan en la atracción de opuestos, y funcionan siempre que cada uno respete la independencia del otro.

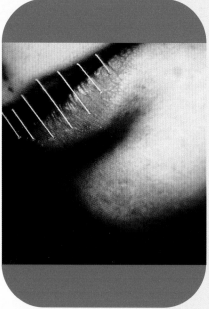

Los signos de Tierra dan a Escorpio estabilidad, seguridad material y protección de las presiones mundanas, dejando a Escorpio libre para ocuparse de su compleja vida interior. Las relaciones entre Tauro y Escorpio son de las más estrechas del Zodíaco, pero cuando se distancian, a Tauro le desconcierta la intensidad de Escorpio, mientras que Escorpio se desespera ante la incapacidad de Tauro para experimentar sentimientos. Escorpio y Virgo comparten el deseo de trabajar por un mundo mejor y ambos combinan eficiencia con compromiso emocional, aunque Virgo puede considerar a Escorpio malhumorado, y éste piense que a Virgo le falta compenetración. Escorpio y Capricornio son buenos en los negocios, lo que augura buenas relaciones profesionales, pero la predisposición de Escorpio a expresar sus emociones −negativas y positivas− choca con la reticencia de Capricornio a mostrar sus sentimientos y su tendencia a dar más importancia a los negocios.

Las relaciones con Cáncer y Piscis −también signos de Agua− son las más sencillas. Escorpio y Cáncer suelen convertirse en grandes aliados, hallando un vínculo profundo en su visión romántica del mundo, pero a veces son tan parecidos que buscan emoción fuera. Escorpio y Piscis pueden formar una relación duradera, sobre todo cuando a Piscis le fascina la intensidad de Escorpio, y éste se beneficia de la capacidad de Piscis de arrojar luz sobre los pequeños problemas. Cuando se unen 2 Escorpio, o ambos comprenden de manera instintiva los deseos profundos del otro, o guardan sus sentimientos tan en secreto que impiden la comunicación.

La salud y el bienestar de Escorpio

Escorpio rige los órganos reproductores y excretores en la astrología médica. Esto lo convierte (como a Tauro) en un signo de fertilidad y (como a Libra) en un signo de limpieza. Algunas plantas tradicionalmente asociadas a Escorpio

tienen también relación con estos órganos. La hoja de frambuesa, tomada en infusión, alivia las molestias del embarazo y el parto.

La achicoria es un diurético-Escorpio, mientras que las bayas de saúco calman las quemaduras. El sulfato de calcio, la sal mineral de Escorpio, es un gran purificador que ayuda a eliminar los desechos del cuerpo. También se encuentra en la cebolla, ajo, puerros y mostaza, todos ellos asociados a Escorpio a través de Marte, su planeta regente.

Escorpio es algo extremista, así que debe aprender a moderarse. Suele excederse en comidas pesadas y alcohol, y luego inclinarse al otro extremo y seguir una dieta demasiado estricta. Puede tardar mucho en descubrir las virtudes de una alimentación sana, pero cuando lo hace, es muy quisquilloso y lee los ingredientes de los productos alimenticios para evitar los aditivos, y sustituye las patatas fritas por arroz, pasta y pan integrales.

El ejercicio regular es importante para eliminar la tensión emocional que acumula. Cualquier actividad vigorosa sirve para eliminar las frustraciones de Escorpio, pero los deportes de combate tradicionales como el boxeo y la lucha libre pueden atraer a la naturaleza marcial del signo. En general, a Escorpio le encanta ganar y no soporta perder, así que sólo debería participar en deportes competitivos si está seguro de que va a vencer.

En el hogar, Escorpio prefiere –igual que el escorpión– un entorno seguro, tranquilo y, en ocasiones, oscuro. Los colores tradicionalmente asociados con el signo son el rojo oscuro y el negro. Además, le encanta rodearse de adornos misteriosos y objetos de un pasado lejano. Si vive con un Escorpio tal vez desee que, al menos de vez en cuando, abra las ventanas y deje entrar algo de luz y aire fresco.

aire fresco de Escorpio

ESCORPIO ESTÁ ASOCIADO CON LA MUERTE Y EL RENACIMIENTO. AUNQUE NO SEA CATÓLICO Y NO CELEBRE EL DÍA DE TODOS LOS SANTOS, ÉSTA ES UNA ÉPOCA DEL AÑO PARA RECORDAR A LOS AMIGOS Y FAMILIARES FALLECIDOS. LOS RITUALES PRIVADOS A VECES AYUDAN A ACEPTAR LA PÉRDIDA Y EL DOLOR. VUELVA A VISITAR LOS LUGARES ASOCIADOS CON LA PERSONA FALLECIDA, O HAGA UN ALTAR EN CASA DECORADO CON UNA FOTOGRAFÍA DEL SER AMADO Y UNAS FLORES. CUANDO PASE POR DELANTE, RECUERDE LOS BUENOS MOMENTOS QUE COMPARTIERON.

festividades

Como signo de la oscuridad y el misterio, no sorprende que Escorpio esté asociado con la muerte y la otra vida, y muchas festividades celebradas en esta época del año comparten esta asociación. El Día de Todos los Santos se celebra el 1 de noviembre. Se trata de un día en el que los católicos dan gracias por la vida y el trabajo de todos los santos muertos, sobre todo los que no tienen día propio. La noche antes –la noche del 31 de octubre– es la víspera de Todos los Santos, o *Halloween*. Esta festividad, muy afectada hoy en día por las costumbres norteamericanas modernas, es una noche en la que los niños se disfrazan con máscaras terroríficas y van de puerta en puerta pidiendo "truco o trato". El mayor desfile de *Halloween* tiene lugar en Nueva York, donde más de medio millón de personas presencian el paso de miles de juerguistas disfrazados por las calles de la ciudad. Dichas festividades teatrales o humorísticas tienen el poder de neutralizar nuestro miedo a la muerte.

El Día de Todos los Difuntos, el 2 de noviembre, es una fecha del calendario católico para recordar a los amados fallecidos. En México, se llama Día de los Muertos y las celebraciones son un tanto sobrecogedoras, aunque muy coloridas. Comienzan el 31 de octubre cuando las almas de los niños muertos (los "angelitos") regresan a la Tierra. El 1 de noviembre, los tañidos de las campanas de las iglesias dan la bienvenida a las almas adultas. La gente coloca altares en los rincones de sus hogares y los decoran con ofrendas de fruta, panes especiales, calaveras y esqueletos hechos de azúcar, recortes de papel y fotografías del fallecido. El 2 de noviembre, los familiares ayunan y acuden al

pérdida fatal

Una leyenda de los aborígenes australianos explica la formación de la constelación de Escorpio y presenta asociaciones con la reputación de Escorpio como símbolo de sexualidad. Cuenta cómo un joven que estaba iniciándose en su madurez fue seducido por una chica. Cuando la pareja fue descubierta, escaparon al cielo, siendo perseguidos por los maestros del chico que lanzaban bumeranes. Éstos se convirtieron en las estrellas de Escorpio, mientras que la diadema del chico, extraviada durante el vuelo y que simboliza su fracaso al completar la iniciación, es el conglomerado de estrellas situado bajo la constelación. Se dice que siempre intenta recuperar su diadema, pero le retiene su amada. Por eso es castigado por quebrantar la ley que prohíbe a un recién iniciado mantener relaciones sexuales hasta completar la ceremonia de iniciación.

cementerio a decorar las tumbas con flores –frescas o de papel–, velas e incienso. A veces extienden pétalos desde el cementerio hasta la casa para que el fallecido encuentre el camino de regreso al hogar.

En ocasiones, cuando el Sol está en Escorpio en el Zodíaco occidental, los hindúes celebran el festival de Diwali en honor de Lakshmi, la hermosa diosa de la riqueza y la prosperidad. El nombre significa "festival de las luces" y procede de la costumbre de colgar lamparillas de arcilla, o *divas*, que simbolizan la buena fortuna, en ventanas o en el exterior de la casa. También se colocan *divas* en pequeñas barcas de hojas o cáscara de coco que son arrastradas hasta el mar. La gente se engalana, visita a familiares y amigos, limpia y decora sus casas, realiza ofrendas en el templo, envía felicitaciones, comparte comida y regala bandejas de dulces. El festival también marca un nuevo año financiero, un momento para pagar deudas e iniciar nuevos negocios.

una meditación

ALTRATARSE DE UN SIGNO DE EMOCIONES INTENSAS, ESCORPIO PUEDE VERSE AFECTADO POR TEMORES QUE NO COMPRENDE. ESTA MEDITACIÓN SE BASA EN LA TEORÍA DE LA TERAPIA DEL SUEÑO: CUANDO NOS VEMOS PERTURBADOS POR TEMORES INCOMPRENSIBLES, PRIMERO ES PRECISO APRENDER MÁS ACERCA DE NOSOTROS MISMOS. UNA VEZ HECHO ESTO, SEREMOS CAPACES DE CONOCER MEJOR NUESTROS MIEDOS Y ENFRENTARNOS A ELLOS. GRACIAS AL AUTOCONOCIMIENTO, LOS MIEDOS PARECERÁN MENOS AMENAZANTES.

Busque un lugar tranquilo donde tumbarse. Procure que la luz sea tenue. Relájese y controle su respiración hasta que sea pausada y regular. Si le ayuda, ponga música suave. Imagine que va caminando por la playa. El aire es fresco, el agua está quieta. Llega a una cueva. Se pregunta qué hay dentro. Penetra en ella con cuidado. Al entrar, siente que hay una presencia profunda en la cueva que le hace sentir incómodo. ¿Qué puede ser? Sigue caminando pero, a medida que se acerca, comprende que la presencia es usted mismo. Salúdela. Hable con ella. Pregúntele qué es lo que quiere. Al hacerlo, conocerá sus deseos y necesidades más profundos. Cuando esté preparado, regrese a la luz del día. Cuando abra los ojos, se sentirá más feliz y consciente. Sabrá que puede enfrentarse a sus temores más profundos y resolverlos. Ya no le retendrán como ocurría hasta ahora.

constelación

La constelación de Escorpio se conoce como Scorpius para distinguirla del signo astrológico. Lo mejor es avistarla en julio, cuando sale después del atardecer. Busque primero la estrella rojiza Antares: el "corazón" del escorpión. Ésta es la estrella más brillante del Oeste (siempre que no haya planetas cerca). La "cabeza" del escorpión está formada por estrellas brillantes en la parte superior derecha (inferior izquierda, si está usted en el hemisferio Sur) de Antares, mientras que la "cola" del escorpión es una línea de estrellas aún más brillantes que se extienden hacia la izquierda (hacia la derecha en el hemisferio Sur).

ocultos, emocionales, leales y profundamente idealistas

sagitario

mutable, fuego, masculino

23 de noviembre – 20 de diciembre

SAGITARIO ES UN AVENTURERO, UN TROTAMUNDOS, UN ESPÍRITU LIBRE QUE SE ELEVA CON LAS NUBES Y ALCANZA NUEVAS ALTURAS. ES EL ARQUETIPO DE EXPLORADOR, CARACTERIZADO POR SU ENERGÍA, ENTUSIASMO Y FE EN EL FUTURO. SUS VIRTUDES SON SU AMOR POR LA LIBERTAD Y SU DISPOSICIÓN PARA EXPLORAR ALTERNATIVAS, YA SEAN EMOCIONALES, FÍSICAS, INTELECTUALES O ESPIRITUALES. SUS DEBILIDADES SON SU TENDENCIA A REFUGIARSE EN EL DOGMA Y SU FALTA DE COHERENCIA. SU COMPROMISO CON LA VERDAD ES ADMIRABLE, SOBRE TODO CUANDO VE QUE EL CONOCIMIENTO DE LOS HECHOS NO ES NADA SIN LA SABIDURÍA VERDADERA.

Uno de los mitos Sagitario más importantes es la antigua historia griega de la batalla entre los lapitas y los centauros. Los centauros eran por lo general groseros, bárbaros y maleducados. Peritoo, rey de los lapitas, cometió el error de invitar al centauro Euritión a su boda. Como era de esperar, Euritión se emborrachó y trató de raptar a la novia. Fue detenido por Teseo y expulsado del banquete, pero regresó con un grupo de centauros armados con piedras y troncos de pino. Hubo una lucha feroz, pero al final ganaron los lapitas.

Otro mito Sagitario procede del pueblo Loucheux de Canadá. Cuentan la historia de un niño que siempre utilizaba su magia para conseguir lo que quería. Contemplaba la Luna y veía cómo cambiaba de forma en su recorrido por el cielo. La admiraba tanto que deseó estar en la Luna. Su magia resultó ser tan potente que salió volando por la chimenea. Al hacerlo, se le arrancó una pernera del pantalón. Y ahora, cuando hay Luna Llena, se puede ver al niño en la superficie de la Luna con la pierna desnuda —o muslo Sagitario— para que todos la veamos.

Nadie se atrevería a sugerir que los Sagitario se comportan como centauros, pero algunos astrólogos creen que el vínculo procede de la palabra "centauro", que puede significar "los que reúnen toros". Así pues, un centauro era un antiguo vaquero, un héroe que va donde quiere y carece de ataduras: un típico Sagitario. La historia Loucheux muestra a Sagitario como un buscador de conocimiento, alguien que quiere estar en otra parte.

explorador
cambiante
independiente
descubridor
filosófico
dogmático
osado
religioso
espíritu libre

naranjas, morado, estaño

Sagitario es el signo de la libertad y, como el tercero de los signos de Fuego, posee grandes reservas de entusiasmo, optimismo, energía, iniciativa y generosidad. Tiene un ojo intuitivo para posibilidades que se le escapan a otras personas, y con frecuencia mira a lugares o culturas lejanas en busca de inspiración. Es impulsivo, impetuoso, le gusta probar suerte y no le importa arriesgarse. No es un signo al que agrade que le digan lo que tiene que hacer, pero tampoco quiere dar órdenes. Sagitario es también uno de los 4 signos mutables, así que necesita ser capaz de sentirse libre para cambiar de rumbo y tomar caminos que lleven a lugares apartados.

Su animal zodiacal es el centauro, una criatura mítica con cuerpo de caballo y cabeza y torso humanos. Así pues, es uno de los signos duales (como Capricornio: mitad cabra, mitad pez) cuya Naturaleza incluye un choque de opuestos: el ser humano racional y civilizado contra el animal instintivo. Los centauros eran criaturas salvajes, pero uno de ellos, Quirón, destacaba por su sabiduría. Este lado del centauro lleva a los astrólogos modernos a observar que el signo tiene acceso a un conocimiento más elevado, que representa la savia, el profeta, el maestro y el filósofo; de ahí su asociación con universidades e iglesias, abogados y sacerdotes. Hoy en día, el lado animal de Sagitario está muy enterrado, mientras que prevalece el lado humano y civilizado, pero ambos existen aún en la personalidad de Sagitario. Es por eso que Sagitario puede ser tanto predicador como libertino, pasando la mitad de su tiempo en comunión con los dioses y la otra mitad disipados, igual que Júpiter, su planeta regente.

También crítico para la naturaleza de Sagitario es el hecho de que su símbolo centauro se represente como un arquero. Los astrólogos hablan de cómo el símbolo vuela como una flecha pero nunca alcanza su objetivo. De ahí que Sagitario sea un trotamundos y que siempre esté buscando conocimiento, aprendiendo cosas nuevas y poniéndose al día.

júpiter
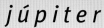

EL PLANETA REGENTE DE SAGITARIO, JÚPITER, ES EL GRAN GIGANTE DE GAS DEL SISTEMA SOLAR. SU ENORME CAMPO DE GRAVEDAD ACTÚA COMO UN ASPIRADOR GIGANTESCO QUE ABSORBE COMETAS Y OTROS RESTOS. EL DIOS ROMANO JÚPITER ERA EL REY DE LOS CIELOS PERO, IGUAL QUE EL CENTAURO DE SAGITARIO, TENÍA UNA DOBLE NATURALEZA. CUANDO NO OFRECÍA SABIDURÍA Y JUSTICIA, SEDUCÍA A LAS MUJERES. ESTA LIBERTAD PARA HACER LO QUE QUIERE ES TÍPICA DEL CARÁCTER AVENTURERO DE SAGITARIO.

En lo referente a creencias religiosas, el nómada Sagitario se convierte en un buscador de la verdad, un viajero espiritual cuyo viaje nunca termina. Como intelectual, Sagitario siempre hace preguntas difíciles, y como signo mutable, es dado a cambiar de opinión, así que si empieza como un creyente devoto, es probable que en algún momento de su vida se cuestione todas las viejas ideas y se convierta en ateo. Pero, como nos enseña Sagitario: viajar es más importante que llegar.

Algunos personajes famosos nacidos con el Sol en Sagitario son: Imran Khan, Jimi Hendrix, Alexander Solzhenitsyn, María, reina de los escoceses, Jane Austen, Hector Berlioz, Winston Churchill, Kim Basinger, María Callas, Louisa May Alcott, Bette Midler, Arthur Conan Doyle, Paul Getty, Walt Disney y Tina Turner.

Las relaciones de Sagitario

Al ser un espíritu errante e independiente, Sagitario tiene menos necesidad de relaciones que el resto de los signos. Pero es también muy sociable, y si esto suena como una contradicción, ¡lo es! Adora la compañía y tiene muchos amigos, pero no le interesa tanto atarse a unos cuantos amigos íntimos o a un compromiso romántico. No resulta sorprendente que pueda ser desesperante vivir con Sagitario, y que cualquiera que entable una relación estrecha con este signo debe hacerlo con total respeto a su derecho a la independencia. La peor manera de tratar a Sagitario es intentar atarlo o esperar que asuma compromisos de por vida. El desafío para Sagitario en una relación es desarrollar la intimidad emocional sin sacrificar su libertad.

el centauro arquero

El signo zodiacal de Sagitario es el centauro arquero. El arquero representa el lado errante y buscador de Sagitario que aparece en su pasión por aprender y su deseo de trabajar por cuenta propia. Los centauros de la mitología eran generalmente criaturas salvajes y libidinosas, pero había algunos que eran sabios y considerados. Así pues, no se puede esperar mucha coherencia de Sagitario.

Parte de esta intimidad consiste en comprender y respetar los sentimientos de la otra persona, y darse cuenta de que es tan importante reconocer las necesidades de libertad de otros como luchar por las de uno mismo. También consiste en aprender a reconocer las emociones tormentosas en lugar de evitarlas, y de enfrentarse a las crisis en vez de alejarse de ellas. Al igual que los otros signos de Fuego, en ocasiones Sagitario tiende a culpar a otras personas de retenerlo. Sin embargo, muchas veces es una excusa de Sagitario para no seguir adelante.

Los signos precavidos, como los de Tierra —Tauro, Virgo y Capricornio– pueden ganar mucho de una relación con Sagitario. Tauro, por ejemplo, aprende que arriesgarse de vez en cuando está bien. Por otra parte, Sagitario puede comportarse de un modo más impredecible del habitual, con la seguridad de que Tauro mantendrá las cosas en orden en el hogar. Sagitario y Virgo son signos mutables, así que sus relaciones pueden verse marcadas por un deseo de cambio. Pero tal vez llegue un momento en el que Sagitario quiera extender las alas, mientras que Virgo desee quedarse inmóvil, y entonces los 2 tengan que separarse. Sagitario anima a Capricornio a cuestionar sus creencias, cambiar sus costumbres y ser más aventurero. Si la relación se rompe, Capricornio suele ofenderse por el modo en el que Sagitario parece desperdiciar sus oportunidades y se niega a tomarse nada en serio, mientras que Sagitario encuentra a Capricornio terriblemente aburrido.

Las relaciones de Sagitario con los signos de Agua pueden ser afectuosas, ya que Escorpio, Piscis y Cáncer están deslumbrados por la generosidad y valentía de Sagitario, mientras que a Sagitario le encanta la imaginación romántica de los Agua. Sagitario y Acuario forman la combinación más extraña, ya que el primero es sincero y

estrategias vitales

- TENER IDEAS Y OPINIONES PROPIAS EXIGE MUCHO ESFUERZO, ASÍ QUE EN OCASIONES PARECE MÁS FÁCIL ACEPTAR CIERTOS PREJUICIOS Y UTILIZARLOS COMO SUS PROPIAS CREENCIAS. RECUERDE QUE PARA SAGITARIO, LA SABIDURÍA SUPONE MANTENER LA MENTE ABIERTA.

- PUEDE SER IMPULSIVO Y A VECES NO AJUSTARSE A LAS METAS QUE SE HA IMPUESTO. PARA MANTENER EL RUMBO, ESTABLEZCA UNA SERIE DE OBJETIVOS CON UN PLAZO PARA CADA UNO. DE ESTA MANERA TENDRÁ MÁS POSIBILIDADES DE ALCANZAR SUS METAS.

- TIENDE A HUIR DE UNA RELACIÓN SI SIENTE QUE SU PAREJA ESTÁ TRATANDO DE RETENERLE O DE CORTAR SUS ALAS. PERO, ¿ES ESTO LO QUE DE VERDAD ESTÁ OCURRIENDO, O LO ESTÁ UTILIZANDO COMO EXCUSA PARA NO LOGRAR SUS OBJETIVOS? SI ASÍ FUERA, COMIENCE A ESFORZARSE MÁS POR CONSEGUIR LO QUE QUIERE EN LUGAR DE CULPAR A OTROS DE SUS ERRORES.

- SAGITARIO TIENE GRANDES SUEÑOS, A VECES DEMASIADO GRANDES PARA HACERSE REALIDAD. SEA REALISTA ACERCA DE LO QUE PUEDE LOGRAR.

- CON FRECUENCIA IMAGINA QUE OTROS TIENEN MEJOR SUERTE. PERO, ¿ESTO ES CIERTO? PROCURE CONSIDERAR TODAS LAS COSAS BUENAS DE SU VIDA Y APROVÉCHELAS AL MÁXIMO EN LUGAR DE SOÑAR CON ESCAPAR.

- NADA PUEDE DOMAR SU ESPÍRITU SAGITARIO, ASÍ QUE NO HAY NECESIDAD DE CREER QUE EL COMPROMISO EMOCIONAL VA A LIMITAR OTRAS LIBERTADES. SI LE RESULTA DIFÍCIL COMPROMETERSE, PLANTÉESE POR QUÉ. TAL VEZ NO TENGA NADA QUE VER CON SU RELACIÓN ACTUAL.

directo, mientras que el segundo es hermético e indirecto. Igual que muchas relaciones entre los denominados signos compatibles, pueden llevarse bien siempre que sean conscientes de sus diferencias y las exploten. Sagitario y Piscis pueden ser una combinación especialmente creativa que augura una amistad duradera. Por otro lado, Cáncer puede dar a Sagitario seguridad emocional –cuando quiere–, aunque quizá no comprenda la necesidad de Sagitario de huir sin aviso. Cuando estas relaciones se vienen abajo, Sagitario ya no siente que puede hacer lo que quiera, mientras que Cáncer, Escorpio y Piscis simplemente no pueden seguir el ritmo.

Cuando los signos de Aire –Géminis, Libra y Acuario– conocen al feroz Sagitario, el resultado puede ser explosivo. Estas relaciones tienden a encenderse sin previo aviso, pero pueden agotarse si no las mantiene la estabilidad de los Tierra. Por ejemplo, cuando Géminis y Sagitario se unen, Géminis aporta sus planes, ideas y sueños, mientras que Sagitario pone entusiasmo y visión de futuro. Sagitario y Libra comparten creatividad e idealismo mutuo, y si están en la misma onda pueden lograr mucho juntos. Si se alejan, puede ser porque cada uno ha encontrado distintos intereses y sus estilos de vida comienzan a divergir. La combinación de Sagitario y Acuario es perfecta para trotamundos, para aquellos que no deseen un hogar permanente y para los poco inclinados a trabajar buscando el

el sanador herido

JÚPITER NO ES EL ÚNICO CUERPO CELESTE ASOCIADO A SAGITARIO. EN 1977 SE DESCUBRIÓ EL PRIMERO DE UNA NUEVA CLASE DE ASTEROIDES QUE SE BAUTIZÓ CON EL NOMBRE DE QUIRÓN, EN HONOR DEL CENTAURO SABIO. LOS ASTRÓLOGOS HAN APODADO A QUIRÓN "EL SANADOR HERIDO" Y HAN REALIZADO INTERPRETACIONES BASADAS EN LA IDEA DE QUE REPRESENTA HERIDAS QUE DEBEMOS SANAR, TRAUMAS QUE SUPERAR Y LECCCIONES QUE APRENDER.

éxito o la riqueza. Sin embargo, si se ven atrapados por los compromisos profesionales o las responsabilidades familiares, cada uno debe encontrar una forma de sacrificar parte de su libertad: una tarea nada fácil para estos signos.

En lo referente a los signos de Fuego, las relaciones con Aries y Leo son consideradas compatibles, ya que todos comparten una visión de la vida enérgica y decidida. Sin embargo, si sus opiniones y metas difieren demasiado, cada uno seguirá su camino, porque en cuanto surja el desacuerdo les resultará imposible comprometerse. Dos Sagitarios juntos o sienten atracción instantánea, admirando en el otro las cualidades que valoran en sí mismos, o no se gustan de entrada, odiando en el otro las cosas que les resultan desagradables o avergonzantes en ellos mismos.

La salud y el bienestar de Sagitario

En la astrología médica, Sagitario rige los muslos, mientras que Júpiter, el planeta regente del signo, está relacionado con el hígado, el órgano principal del cuerpo asociado con la desintoxicación y la descomposición de la grasa. Por su vínculo con los muslos y su amor por la libertad, las formas de ejercicio clásicas de Sagitario son caminar y trotar, mientras que, como Géminis (su signo opuesto) Sagitario cree que correr es una excelente manera de eliminar la energía nerviosa. En lo relativo a los deportes de equipo, Sagitario puede participar o abandonar. Le resulta divertido formar parte de un equipo, pero si le surge algo mejor que hacer, faltará a los entrenamientos y pronto quedará fuera del equipo. No importa, ya que para entonces ya estará en otro lugar pasándoselo en grande.

Dos plantas Sagitario están estrechamente ligadas a aspectos de la salud del signo. La achicoria ayuda al buen funcionamiento del hígado, mientras que el diente de león, que también alivia molestias y dolores, limpia el sistema, sobre todo el hígado, la vesícula, el bazo, el riñón y el tracto urinario.

Los hábitos alimentarios de Sagitario suelen ser aventureros y siempre cambiantes. Puede atravesar una fase vegetariana, pasar luego un tiempo como vegetariano estricto y, finalmente, decidir que lo que realmente necesita es un jugoso filete poco hecho al menos una vez al día. Si decide perder peso, lo más probable es que se someta a una dieta severísima y pierda kilos rápidamente, pero luego perderá interés y retomará sus antiguos hábitos.

El entorno Sagitario ideal debería reflejar la necesidad de libertad del signo. Le gusta vivir en lugares abiertos y espaciosos, decorados con objetos hermosos pero despejados. No es dado a acumular cosas, y limpiará y renovará el contenido de los armarios de vez en cuando para empezar de nuevo. Por desgracia, si le gusta guardar cosas y vive con un Sagitario, llegará un día en el que descubra que todas sus preciadas posesiones están en el rastro. Pero a veces, Sagitario apenas da importancia a su entorno. Esto puede ocurrir porque tiene en mente cosas más grandes o porque no planea quedarse mucho tiempo.

aire fresco de sagitario

festividades

La festividad más notable que tiene lugar en esta época del año es el Hanukkah judío, o Fiesta de las Luces, de 8 días de duración. Como los judíos siguen un calendario lunar, Hanukkah puede caer cuando el Sol está en Sagitario o cuando está en Capricornio. La festividad conmemora la rededicación del Templo de Jerusalén, después de que los judíos fueran liberados de sus gobernantes griegos en el 165 a. C. Su celebración de libertad es auténticamente Sagitario. Durante el período de la conquista griega, el Templo fue capturado y se extinguió su "llama eterna". Cuando los judíos, liderados

por Judas Macabeo, retomaron

Jerusalén, descubrieron que sólo tenían aceite

sagrado para alimentar la llama un solo día. Enviaron un mensajero para conseguir algo más, pero el viaje de

ida y vuelta le llevó 8 días. Milagrosamente, el aceite duró los 8 días. En la actualidad, durante la festividad de

Hanukkah, además de dar regalitos cada día a los niños de la casa, es costumbre encender velas: 1 el primer

día, 2 el segundo, y así hasta que la estancia se llena con la luz de 8 velas.

Sagitario trae otra gran fiesta: Acción de Gracias, celebrada en EE UU el cuarto jueves de noviembre. La cena

tradicional de Acción de Gracias incluye pavo, salsa de arándanos y pastel de calabaza, conmemorando la

supervivencia y la primera cosecha de los colonos que abandonaron Inglaterra para ir a América. Al acabar el

primer año, dieron gracias a Dios y celebraron una cena a la que invitaron a los indios nativos que les habían

dado comida cuando estuvieron a punto de morir de hambre.

el Sagitario que hay en todos nosotros nos anima a ser trotamundos

una meditación

SAGITARIO ES EL SIGNO DE LA LIBERTAD SIN LÍMITES, AUNQUE ES UNA CONDICIÓN DE LA VIDA QUE LA LIBERTAD DE UNO ESTÉ LIMITADA, YA SEA POR RESPONSABILIDADES FAMILIARES, ATADURAS FINANCIERAS, TABÚES SOCIALES O LA ENFERMEDAD Y LA VEJEZ. ESTA MEDITACIÓN ESTÁ DISEÑADA PARA VOLVER A CAPTAR LA SENSACIÓN DE LIBERTAD QUE HACE QUE SAGITARIO VIVA SU VIDA DE MANERA POSITIVA.

Busque un lugar espacioso para tumbarse o sentarse si le resulta más cómodo. Cierre los ojos y relájese.

Imagínese en un espacio abierto, como una pradera. Las presiones normales de la vida han desaparecido. El sol

brilla en el cielo y la cálida brisa que roza su cara le transmite satisfacción. Poco a poco comprende que es libre.

Puede correr hacia el horizonte, volar y viajar a donde quiera, incluso a otras galaxias. ¿Cómo se siente? Puede

mirar a la Tierra desde el espacio exterior. Observe lo pequeña que parece. Su espíritu es mucho más grande.

Cuando esté preparado, abra los ojos y regrese al mundo sabiendo que nada puede obstaculizar su camino.

constelación

Sagitario, la decimoquinta constelación más grande, comprende más de 75 estrellas visibles. Las más brillantes forman lo que a muchos les parece una "tetera", aunque otros dicen que recuerda a la silueta de un velero. Sin duda, nuestros antepasados vieron claramente un centauro. Para encontrar la constelación, localice Antares, la inconfundible estrella roja de Escorpio, luego mire hacia la izquierda (hacia la derecha en el hemisferio Sur), y el siguiente grupo de estrellas es Sagitario.

exploradores, filósofos y amantes de la libertad

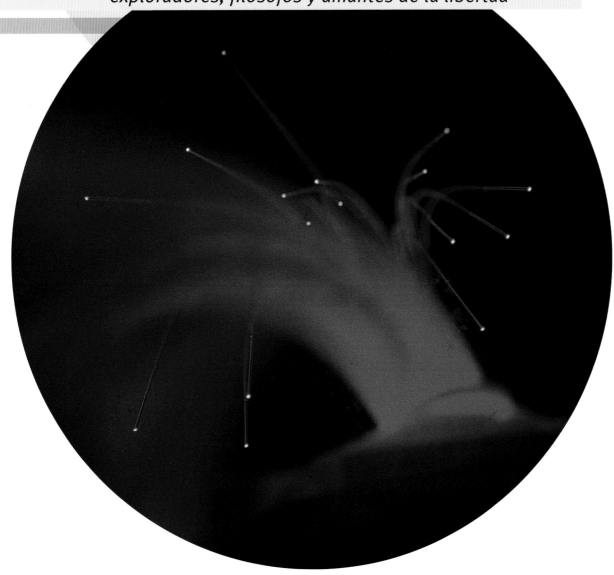

capricornio

cardinal, tierra, femenino

21 de diciembre – 20 de enero

EL SOL MUERE Y RENACE EN CAPRICORNIO. EL SOLSTICIO DE INVIERNO DEL 21 DE DICIEMBRE TRAE LA NOCHE MÁS LARGA Y EL DÍA MÁS CORTO. DURANTE UN MOMENTO, EL SOL PARECE INMÓVIL. TODO ESTÁ EN CALMA ANTES DE ENTRAR EN LA NUEVA FASE DE SU VIAJE ZODIACAL. LOS PUNTOS FUERTES DE CAPRICORNIO SON SU DEVOCIÓN POR EL DEBER, SU DISPOSICIÓN PARA CUMPLIR SUS RESPONSABILIDADES Y SU CAPACIDAD PARA PROPORCIONAR ORDEN, ESTABILIDAD Y SEGURIDAD MATERIAL. SUS PUNTOS DÉBILES SON SU CONSERVADURISMO Y EL NO QUERER ASUMIR RIESGOS. LAS DOTES PARA LOS NEGOCIOS SON INNATAS A CAPRICORNIO, PERO NO EXPLORAR SUS EMOCIONES. LA TAREA DE CAPRICORNIO ES EXPLORAR LOS REINOS DEL ESPÍRITU.

ALGUNOS DE LOS MITOS ASTRALES MÁS RICOS RODEAN AL PLANETA REGENTE DE CAPRICORNIO, SATURNO, CONOCIDO POR LOS ANTIGUOS GRIEGOS COMO CRONOS. LAS ANTIGUAS LEYENDAS NOS CUENTAN CÓMO CRONOS SE SUBLEVÓ Y DESTRONÓ A SU PADRE, URANO, DIOS DEL CIELO. A SU VEZ, CRONOS FUE DESTRONADO POR SU HIJO, ZEUS, Y SE PROFETIZÓ QUE ZEUS SERÍA SUSTITUIDO POR APOLO, EL SALVADOR DEL MUNDO. COMO OBSERVARON LOS PRIMEROS CRISTIANOS, ALGUNOS DE LOS TEXTOS QUE ANUNCIABAN LA LLEGADA DE APOLO GUARDABAN UN GRAN PARECIDO CON LAS PROFECÍAS JUDÍAS DEL MESÍAS.

EL ANTIGUO POETA GRIEGO HESÍODO NOS CUENTA QUE CRONOS FUE EL GOBERNANTE DE UNA ÉPOCA DE ORO EN LA QUE EL MUNDO ERA FELIZ, SANO Y PACÍFICO. EN PARTE FUE ESTO LO QUE MOVIÓ A AUGUSTO, EL PRIMER EMPERADOR ROMANO, A PONER EL PEZ-CABRA DE CAPRICORNIO EN UNA SERIE DE MONEDAS ACUÑADAS DURANTE SU REINADO, TRANSMITIENDO EL MENSAJE DE QUE ÉSE ERA EL COMIENZO DE UNA NUEVA ÉPOCA DE ORO. CRONOS PUEDE COMPARARSE CON EL DIOS JUDEO CRISTIANO DE LA BIBLIA, QUE CONTROLA EL JARDÍN DEL EDÉN. ASÍ PUES, CRONOS ES TAMBIÉN UN SÍMBOLO DE IDEALES INSOSTENIBLES, PORQUE AUNQUE DESEEMOS EL REGRESO DE AQUELLOS DÍAS, SABEMOS QUE ES IMPOSIBLE.

CAPRICORNIO ES UN SIGNO QUE VALORA MUCHO EL BIENESTAR Y EL ESTATUS. LO QUE LA SUCESIÓN DE GOBERNANTES DE LA HISTORIA DE URANO-CRONOS-ZEUS-APOLO LE DICE A CAPRICORNIO ES QUE TODO HA DE PASAR, QUE NO IMPORTA LO GRANDE QUE UNO LLEGUE A SER, PUES TODOS REGRESAMOS AL POLVO. CAPRICORNIO ES TAMBIÉN MUY CONSERVADOR. GUARDA MEMORIAS DE UNA "EDAD DE ORO" EN LA QUE LA VIDA ERA MEJOR Y, SI SURGE LA OPORTUNIDAD, DARÁ SU OPINIÓN ARGUMENTANDO QUE LA SOCIEDAD VA CUESTA ABAJO.

considerado
práctico
conservador
terrenal
estable
consciente del deber
intenso
serio
tímido

marrones, plomo

Capricornio es un signo muy rico y versátil, capaz de dar muchas sorpresas a los que dan por hecho que es cauto, práctico, poco imaginativo, nada romántico, reticente a expresar pasiones; en resumen, aburrido. Pero un vistazo rápido a su simbolismo revela que ésta es una visión unidimensional. Para comenzar, con Capricornio el Sol se encuentra en uno de los puntos más sagrados del año, tanto en el calendario cristiano como en el pagano. Los paganos celebran el renacimiento del Sol, el símbolo de la vida; los cristianos, el nacimiento de Cristo, el salvador. De aquí se deduce que Capricornio es más profundo que otros signos, y no menos.

Los sentimientos de Capricornio son tan intensos como los de cualquier otro signo. Simplemente ocurre que, como signo de Tierra, mantiene la vista en la realidad, observando lo que puede lograr y siendo consciente del hecho de que siempre hay consideraciones prácticas que tener en cuenta para que un sueño se haga realidad. Con esto en mente, Capricornio no pierde el tiempo en proyectos irreales y no suele relacionarse con personas que lo hacen.

Capricornio es también uno de los 4 signos cardinales y, como tal, le gusta controlar su entorno en lugar de verse dominado por él. Puede lograrlo mediante una carrera empresarial, política, o incluso religiosa. Su visión del mundo tiende a ser conservadora, aferrándose a lo conocido y asumiendo pocos riesgos. Esta cualidad puede no ser atractiva para personas impacientes, pero puede ser valiosa para que Capricornio no cometa errores.

La capacidad de Capricornio para trabajar duro y cumplir con su deber aporta éxito y estatus: atributos que persigue el signo. Sin embargo, debe evitar buscar excusas como consideraciones financieras o motivos sociales –que, de cualquier manera, no serán relevantes– para no asumir riesgos.

saturno

SATURNO, EL PLANETA REGENTE DE CAPRICORNIO, ESTÁ CONSIDERADO UN PLANETA DE TRABAJO DURO Y OBSTÁCULOS, PERO TAMBIÉN INDICA ESTATUS Y HONOR, RECOMPENSA EL ESFUERZO Y NO TIENE TIEMPO PARA ARREGLOS RÁPIDOS. LOS CAPRICORNIO NO TEMEN EL TRABAJO DURO Y DISFRUTAN CON EL PRESTIGIO QUE LOGRAN. PERO DEBERÍAN PROCURAR QUE ESTO NO SE CONVIERTA EN LA RAZÓN DE SER DE SU EXISTENCIA.

El lado trabajador y responsable de la personalidad de Capricornio es un atributo que tiene poco reconocimiento en la sociedad actual, donde es correcto dejarse arrastrar por los sentimientos sin que las consecuencias importen. Capricornio se siente más cómodo trabajando duro, ganándose el respeto de la comunidad y desarrollando un sentido de arraigo. Como a Cáncer, su signo opuesto, a Capricornio le gusta sentirse parte de un círculo íntimo de amigos, pero mientras que Cáncer busca seguridad emocional, Capricornio anhela primero seguridad material.

Capricornio puede presumir de un amplio espectro de personajes nacidos con el Sol en su signo. Entre ellos, destacan Elvis Presley, Aristóteles Onassis, Louis Pasteur, Janis Joplin, Simone de Beauvoir, Joan Baez, Henri Matisse, Mao Tse Tung, Nostradamus, Fay Dunaway, Martin Luther King, Marlene Dietrich y J. Edgar Hoover.

Las relaciones de Capricornio

A la hora de mezclarse con otros, el típico Capricornio es educado y de buenos modales, y sabrá si, al conocer a alguien, es apropiado estrecharle la mano o darle un beso o dos en la mejilla. Así pues, no sorprende que Capricornio prefiera un enfoque tradicional de las relaciones, y una de sus cualidades admirables es que, influido por lo que cree mejor para su pareja e hijos, además de por lo que piensen los otros, suele hacer "lo correcto". Si una relación atraviesa un momento difícil, Capricornio hará lo necesario para que sobreviva, y con frecuencia es el último que abandona cuando las cosas se ponen feas de verdad.

Los jóvenes Capricornio se suelen sentir atraídos por parejas mayores, más sabias o con más experiencia, que ya han vivido mucho y desean asentarse. Dado su talante conservador, Capricornio puede sentirse cómodo en

el pez-cabra

El signo de Capricornio es una cabra, en ocasiones representada con cola de pez. El pez simboliza la profundidad emocional, la imaginación artística y los sueños. Existen 2 tipos de cabra: el animal doméstico atado a un poste, y la cabra montesa que salta de risco en risco. Una cabra dedicada a acumular dinero y estatus a costa de sus sentimientos puede acabar con un interior vacío, mientras que en la que prima la imaginación puede crear cierto caos en sus asuntos prácticos. Capricornio debe asumir ambos lados de su carácter.

un país con un código social estricto, como La India, donde el sistema de castas determina con quién se puede casar alguien, o Japón, con su complejo código de comportamiento social. De hecho, muchos Capricornio son felices en matrimonios concertados e, incluso cuando Capricornio toma sus propias decisiones, puede filtrar sus sentimientos a través de consideraciones como si puede pagar la boda. Los románticos pueden burlarse, pero las relaciones Capricornio a veces resultan mejor que ninguna otra.

Otro rasgo importante de Capricornio en sus relaciones es su elemento –la Tierra–, que simboliza un amor por el disfrute sexual. Este aspecto del signo no siempre resulta evidente. Su conservadurismo innato puede llevarle a rechazar los placeres de la carne, pero si Capricornio encuentra el equilibrio entre precaución y pasión, sus relaciones se verán muy enriquecidas.

cielo profético

Hace más de 2 000 años se predijo que cuando los 7 planetas conocidos confluyeran en Capricornio, el mundo sería destruido por una inundación. En 1989 hubo una extrañísima conjunción de Saturno, Urano y Neptuno en Capricornio. No coincidió con una gran riada, pero sí con el "colapso" del mundo comunista.

Las relaciones de Capricornio con los signos de Aire –Libra, Géminis y Acuario– son una atracción de opuestos. El enfoque de la vida de Capricornio se basa en lograr resultados prácticos, mientras que los signos de Aire creen que lo que piensa la gente es más importante que sus obras. Capricornio comparte con Libra un gusto por una existencia ordenada y bien regulada, pero en las las relaciones con los independientes Géminis y los rebeldes Acuario, su

estrategias
vitales

- SER CONSERVADOR EN OCASIONES SUPONE DESAPROVECHAR LA VIDA. ROMPA EL MOLDE PARA VARIAR. SI NORMALMENTE ACUDE A CONCIERTOS DE MÚSICA CLÁSICA, VAYA A UNO DE ROCK; SI SE ALOJA EN HOTELES BUENOS, PRUEBE LA ACAMPADA.

- SE AFERRA A VIEJAS POSESIONES, NO PORQUE LAS NECESITE, SINO PORQUE LE PROPORCIONAN UN VÍNCULO CON EL PASADO. TAL VEZ LE RESULTE LIBERADOR IMAGINAR QUE ES UN SAGITARIO Y LIBRARSE DE PARTE DE ESTA ACUMULACIÓN. COMIENCE POR LA ROPA: REVISE EL CONTENIDO DE SUS ARMARIOS Y CAJONES Y APARTE LO QUE NO SE HA PUESTO EN LOS ÚLTIMOS 12 MESES. EN CUANTO PUEDA, LLÉVELO AL LOCAL DE ACCIÓN SOCIAL MÁS CERCANO. NO MIRE ATRÁS.

- SUELE TRIUNFAR CUANDO SIGUE EL CAMINO DE LA MODERACIÓN, PERO SIEMPRE QUE TENGA CUIDADO CON LA COMIDA Y LA BEBIDA, SU RÍGIDO SENTIDO DEL DEBER LE HACE TRABAJAR DURO. INTENTE NO CONVERTIRSE EN UN ADICTO AL TRABAJO Y SE SENTIRÁ MENOS ESTRESADO.

- AUNQUE PREFIERA SEGUIR UNA RUTINA EN SU VIDA, PROCURE QUE LA RUTINA ESTÉ A SU SERVICIO, Y NO AL REVÉS. SI SE SIENTE ATRAPADO POR ELLA, TRATE DE VARIAR O TÓMESE UN DÍA DE DESCANSO.

- CUANDO UNA RELACIÓN LLEGA A SU FIN, CONCÉDASE UNA OPORTUNIDAD PARA LLORAR Y ENFRENTARSE AL COLAPSO EMOCIONAL.

- SU PRECAUCIÓN NATURAL PUEDE SER ÚTIL PARA AYUDARLE A DECIDIR LO QUE PUEDE LOGRAR EN LA VIDA.

- CREE QUE LAS EMOCIONES SON ASUNTOS DESCUIDADOS QUE DEBEN CONTROLARSE, POR ESO NO LAS EXPRESA. PERO RECUERDE LA COLA DE LA CABRA DE CAPRICORNIO Y LO QUE DICE ACERCA DE SUS PROFUNDIDADES EMOCIONALES. SUS SENTIMIENTOS SON TAN FUERTES COMO LOS DE CUALQUIERA: MOSTRARLOS NO SIGNIFICA QUE SEA CURSI.

reticencia a cambiar puede provocar estrés. Para que la relación funcione, los Aire necesitan aceptar la capacidad de Capricornio para dar seguridad, y Capricornio debe respetar el deseo de libertad de los Aire.

Capricornio y los Agua pueden formar una buena combinación para relaciones duraderas. Los signos de Agua aportan inspiración y calor emocional, mientras que Capricornio proporciona la habilidad para manejar los asuntos diarios de la que carecen los Agua. Capricornio y Cáncer, al ser signos opuestos, pueden equilibrar sus puntos débiles y fuertes, y sus relaciones pueden ser muy estrechas. Cáncer aporta calor empcional, que compensa la timidez de Capricornio, mientras que los instintos empresariales de Capricornio matizan el idealismo de Cáncer. Con Escorpio y Piscis, la unión probablemente sea menos intensa, pero si la amistad se transforma en animosidad, el resultado será menos hostil que entre Capricornio y Cáncer. Las relaciones de Capricornio y Agua pueden fallar si Capricornio considera a los Agua menos emocionales e intensos, o si los Agua creen que Capricornio es demasiado precavido e insensible.

Capricornio ofrece a los 3 signos de Fuego –Aries, Leo y Sagitario– la seguridad material que les da la libertad para perseguir sus sueños, pero las relaciones entre Capricornio y estos signos presentan un equilibrio delicado. Capricornio debe aceptar que, como él mismo, Aries es muy ambicioso y a veces egoísta, que Leo puede comportarse como un divo, y que Sagitario puede estar aquí ahora y marcharse al instante. Estas relaciones funcionan cuando se valoran las diferencias, pero fracasan si la precaución de Capricornio choca con la impaciencia de los Fuego.

Las relaciones de Capricornio con otros Capricornios son estables por naturaleza, ya que ambos prestan mucha atención a los aspectos prácticos de la convivencia. Son relaciones basadas en el compañerismo y la amistad, el

placer que surge de compartir actividades y el amor que crece año tras año. En lo referente a los otros signos de Tierra, Tauro enseña a Capricornio a disfrutar de muchos placeres de la vida, mientras que Capricornio anima a Tauro a aprovechar sus recursos materiales. Cuando Capricornio se une a Virgo, Virgo se ocupa de los detalles que descuida Capricornio, mientras que éste ofrece a Virgo estatus social y respeto, aspectos necesarios para construir una vida feliz y completa.

La salud y el bienestar de Capricornio

Capricornio rige las rodillas en la astrología médica y, a través de su planeta regente, Saturno, que representa estructuras y límites, está vinculado al esqueleto y la piel, lo que mantiene unido al cuerpo humano. Capricornio suele conocer sus límites y llevará un estilo de vida sano, sin comer ni beber demasiado. Tampoco es probable que se convierta en un fanático del deporte. Prefiere un modo de vida bueno y estable, con una dieta razonable y una cantidad moderada de ejercicio. Capricornio debería mantenerse alejado de problemas causados por la autogratificación y los caprichos.

Pero la conexión con el esqueleto significa que Capricornio también está vinculado con las articulaciones en general, y esto le hace susceptible de padecer problemas de artritis o reumatismo. Lo ideal sería evitar las actividades que puedan dañar las articulaciones, sobre todo los deportes duros como el kárate o el rugby. Si busca un modo de desfogarse, disfrutará con un masaje, e incluso podría convertirse en masajista. Dar un masaje tal vez no suene a ejercicio, pero exige más fuerza y sensibilidad de lo que imaginamos. También hace que se relaje el que lo da: centrarse en alguien más durante 1 hora distrae la mente de toda preocupación.

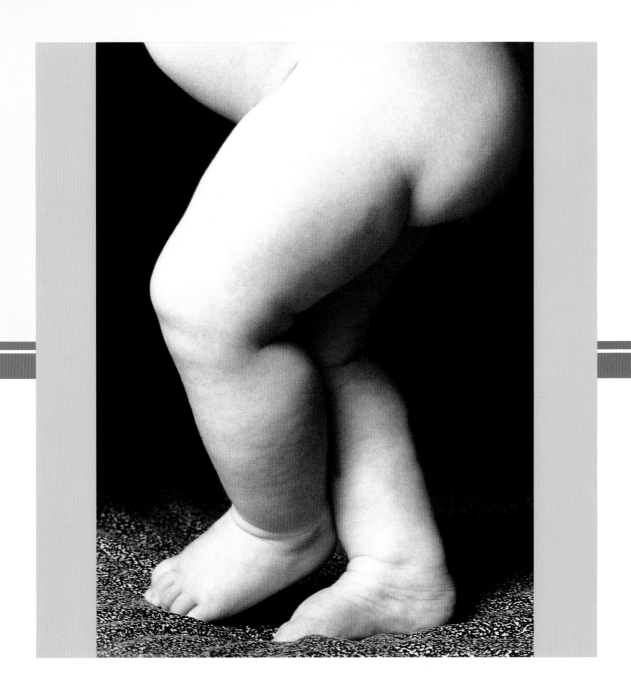

Algunos remedios Capricornio son buenos para los huesos. Según la tradición, la consuelda cura los huesos fracturados y rotos, mientras que la sal mineral de Capricornio es el fosfato cálcico, y el calcio, como es bien sabido, ayuda a fortalecer los huesos y los dientes.

En el hogar, a Capricornio le gustan los ambientes a tono con su carácter conservador y su respeto por la tradición. Esto se hará evidente en una decoración clásica en colores pálidos, y en una proliferación de objetos y muebles antiguos y caros. Todo esto contribuye a su sensación de bienestar. Capricornio trabaja duro para dar cohesión a los distintos aspectos de su vida —hijos, pareja, amigos, trabajo, negocios— y su hogar ideal reflejará el éxito en estas áreas, su estatus en la sociedad y su prosperidad. En resumen, emanará una sensación de seguridad.

festividades

El gran calendario de festividades de Capricornio

procede del Mediterráneo y Oriente Próximo, pero también tuvo

un significado especial en el Norte de Europa, donde el ecuador del invierno,

cuando la tierra se helaba y el ganado perecía, podía ser un momento terrible. Así pues, no sorprende que la

gente aprovechara cualquier ocasión para poner calor y color en sus vidas durante esta dura estación.

Los romanos celebraban la mitad del invierno con desenfreno. El festival de Saturnalia, llamado así en honor de Saturno, comenzaba el 17 de diciembre, continuaba durante el solsticio de invierno el 21 de diciembre y culminaba el 29 de diciembre con la Sigillaria, un día el en que los niños recibían regalos. La vida cotidiana se detenía durante 12 días y la gente celebraba fiestas salvajes, se vestían de gala e intercambiaban regalos. La fiesta estaba presidida por un joven elegido para ser el Señor del Desgobierno. Tenía la libertad de hacer lo que quisiera, y podía incitar a otros a quebrantar las reglas de comportamiento. A veces se permitía a los esclavos

aire fresco de capricornio

Los buenos modales y la consideración son cualidades que muchas personas hoy en día consideran algo del pasado, pero que suelen ser innatas a Capricornio. Trate de incorporar algo de la antigua cortesía a su vida cotidiana. Acuérdese de decir "por favor" y "gracias", ceda su asiento en los autobuses y trenes a las personas mayores o a los que tienen niños, conduzca dentro del límite de velocidad permitido, no pierda los nervios, llame a los amigos o colegas de trabajo para informar de que va a llegar con retraso, y no se olvide de cumpleaños y aniversarios. Le sorprenderá cómo cada pequeña cortesía ayuda a engrasar las ruedas de la vida.

dar órdenes a sus amos y señores.

El 25 de diciembre en el hemisferio Norte, los días comienzan a ser más largos que las noches, así que los romanos reservaban este día para su gran fiesta, la del *Sol Invictus* (el Sol Invicto). Con el tiempo, la festividad del *Sol Invictus* se convirtió en una de las fiestas religiosas más importantes de los romanos, hasta que los cristianos la tomaron para su Día de Navidad. El primer documento de que esto ocurriera se remonta al 336 d. C., poco después de que el emperador Constantino legalizara el cristianismo. Constantino, como muchos de los primeros cristianos, era un defensor del *Sol Invictus* y consideraba al Sol –igual que a Cristo–, símbolo de la luz divina. Era bastante natural para los primeros cristianos fundir las celebraciones del renacimiento del Sol con las del nacimiento de Cristo. Para los que vivimos los fríos meses del invierno, la Navidad aún nos aporta algo de calor: espiritual y físico.

una meditación

CAPRICORNIO ES UN SIGNO MUY CAUTO (EXCESIVAMENTE CAUTO, SEGÚN ALGUNOS). SIN EMBARGO, AUNQUE LA PRECAUCIÓN SURJA DE TEMORES PERFECTAMENTE JUSTIFICABLES ACERCA DEL FUTURO, A VECES CAPRICORNIO EXAGERA ESOS TEMORES. EN OCASIONES COMO ÉSTAS, LO QUE CAPRICORNIO NECESITA ES TENER LA CERTEZA DE QUE, SI ADOPTA UNAS MEDIDAS DETERMINADAS, TODO SALDRÁ BIEN. ESTA MEDITACIÓN ESTÁ DISEÑADA PARA DARLE ESA CERTEZA.

Busque un lugar cómodo para sentarse: un sofá o una butaca serán perfectos. Cierre los ojos y respire hondo.

Recuerde lo fuerte que es el signo de Capricornio. Es un signo cardinal, capaz de controlar su entorno. Piense en

un problema que tenga en ese momento, a ser posible en uno que se vea acentuado por su falta de confianza y

constelación

CAPRICORNIO ES UNA DE LAS CONSTELACIONES MÁS
PEQUEÑAS. PARA AVISTARLA, OBSERVE EL CIELO ENTRE EL ATARDECER
Y LA MEDIANOCHE EN JULIO O AGOSTO, Y BUSQUE 3 CONSTELACIONES
BRILLANTES DEL "TRIÁNGULO DE VERANO": AQUILA, EL ÁGUILA; LYRA, LA LIRA;
Y CYGNUS, EL CISNE. A CONTINUACIÓN, MIRE A LA IZQUIERDA Y LIGERAMENTE
HACIA ABAJO (A LA DERECHA E INTENCIONADAMENTE HACIA ARRIBA SI ESTÁ
USTED EN EL HEMISFERIO SUR) Y ESTARÁ MIRANDO DIRECTAMENTE A
CAPRICORNIO. PARECE UNA GRAN BOCA SONRIENTE:
UNA IMAGEN MENOS SERIA DE LO QUE SU
SÍMBOLO SUGIERE.

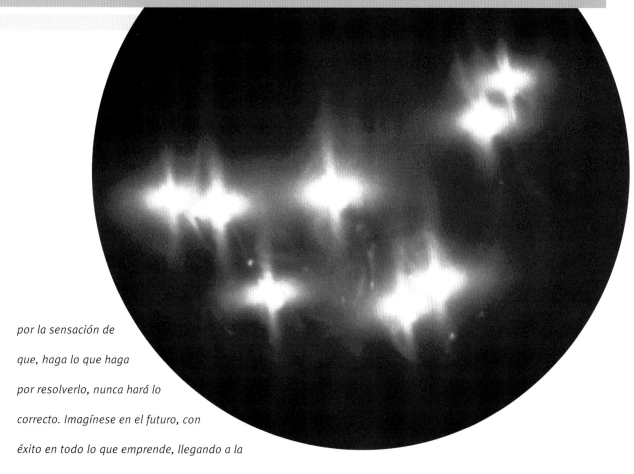

Capricornio nos anima a trabajar en el mundo real

por la sensación de
que, haga lo que haga
por resolverlo, nunca hará lo
correcto. Imagínese en el futuro, con
éxito en todo lo que emprende, llegando a la
meta y obteniendo la recompensa. Compruebe que no hay nada que le impida lograr sus objetivos, excepto el no
creer en sí mismo. Cuando haya comprendido que puede lograr el éxito, se sentirá motivado para comenzar a
enfrentarse al problema.

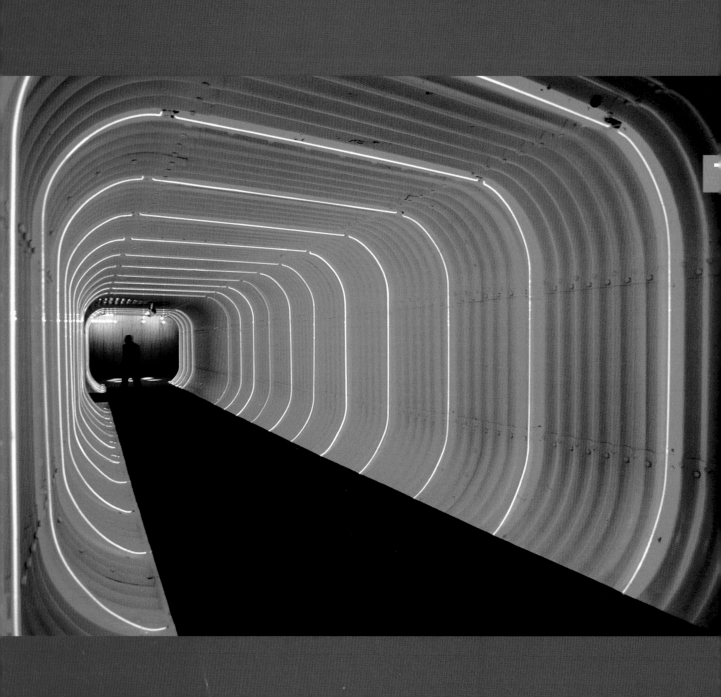

acuario

fijo, aire, masculino

21 de enero – 19 de febrero

ACUARIO ES EL AGUADOR, EL IDEALISTA QUE DERROCHA CONOCIMIENTO Y CREA UN MUNDO MEJOR. SUS PUNTOS FUERTES SON SU GENIO INVENTIVO Y SUS FÉRREOS IDEALES. ESTOS ASPECTOS LO CONVIERTEN EN EL SIGNO DEL FILÁNTROPO, EL FILÓSOFO Y EL REVOLUCIONARIO. SUS PUNTOS DÉBILES SON SU INCAPACIDAD PARA COMPRENDER SUS EMOCIONES, Y SU NEGATIVA A COMPROMETERSE CON SIGNOS QUE NO COMPARTEN SU VISIÓN. NECESITA SER MÁS ADAPTABLE Y COMPRENSIVO CON LOS OTROS Y TRATAR DE CONVENCERLOS DE LO JUSTO DE SU CAUSA. EN OTRAS PALABRAS, ¡DEBE APRENDER A COOPERAR! SI ENCUENTRA UNA VÍA INTERMEDIA, ES POSIBLE QUE LOGRE PONER EN PRÁCTICA SUS IDEAS.

Los mitos de Acuario tratan de grandes riadas. La historia bíblica del arca de Noé narra cómo Dios desveló a Noé sus planes de destruir el mundo con un diluvio y le ordenó salvar a su familia y a una pareja de cada animal.

Un mito de agua Sudamericano cuenta la historia de 2 hermanos que sobrevivieron a una inundación parecida refugiándose en la cima de una montaña. Cuando el agua bajó, uno de los hermanos se casó con un dios-ave y fundó las Islas Canarias.

Los aborígenes australianos hablan de una gran riada que asoló casi todo el mundo durante la Era del Sueño. Todos se ahogaron, excepto un chico y una chica que se agarraron a la cola de un canguro, que les llevó a tierras más altas. Cuando el agua retrocedió, los 2 niiños supervivientes iniciaron una nueva generación.

Todos estos mitos de Acuario derivan del símbolo del signo, el aguador. Tratan de la idea de un mundo infame que se limpia de impurezas, y de una nueva generación sin pecado que surge cuando las aguas de la inundación han logrado el objetivo de Dios. Debido a su conexión con Acuario, los astrólogos deducen que la tarea de Acuario es limpiar el mundo. Pero a un nivel más personal, la regencia de Saturno en Acuario significa que, a veces, puede quedarse anclado al pasado. Cuando se encuentra metido en una rutina —tal vez atrapado en una relación infeliz— le vendría bien hacer algunos cambios radicales en su vida. Quizá incluso necesite reinventarse a sí mismo; si no lo hace, puede descubrir que el destino se abre paso y toma el control, igual que hizo con las grandes riadas de la mitología.

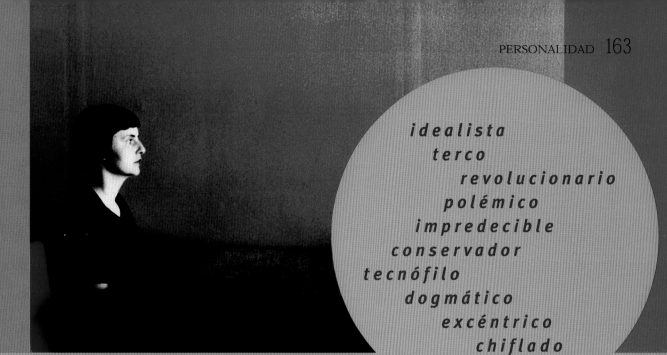

idealista
terco
revolucionario
polémico
impredecible
conservador
tecnófilo
dogmático
excéntrico
chiflado

rosa, azul eléctrico, plomo

Acuario es un signo de contradicciones, pero parte de su encanto es que uno nunca sabe qué va a hacer a continuación. Los astrólogos explican esto señalando que su regente planetario tradicional es Saturno, pero los astrólogos del siglo XIX añadieron un segundo regente, Urano. Los 2 planetas son muy diferentes: Urano representa la evolución, la rebelión y la individualidad inflexible; le encanta innovar, valora la juventud y está preparado para asumir riesgos. Saturno es el ultraconservador, el respetuoso con los mayores, el orden y la experiencia, y el símbolo de la conformidad, los valores tradicionales y el trabajo duro.

También se dice que Urano simboliza la democracia, de ahí que Acuario supuestamente crea en valores democráticos. Sin embargo, con Saturno defendiendo la autoridad, la ley y el orden, su versión de la democracia resulta bastante paradójica: Acuario exige la libertad para hacer lo que desea, pero a veces se la niega a los otros. De hecho, el lema Acuario perfecto podría ser "Haz lo que digo, pero no hagas lo que yo hago". Así pues, Acuario se preocupa supuestamente por el bien colectivo, aunque con frecuencia parece perseguir sus propios intereses −casi como hace Leo− y no tiene en cuenta los sentimientos del resto.

El hecho de que en inglés el mes de enero −*January*− deba su nombre a Janos es un símbolo más del comportamiento paradójico de Acuario. Janos era el dios de las puertas y tenía 2 caras: una que miraba hacia el pasado y otra hacia el futuro. Y así es Acuario: un pie metido en la rutina y el otro siempre en marcha.

La clasificación de Acuario como signo de Aire y signo fijo nos desvela más aún acerca de su naturaleza. Como signo de Aire, valora los hechos y la información, le encanta pensar y disfruta comunicando. Junto con Géminis y

saturno y urano

Acuario está regentado por Saturno y, desde el siglo XIX, también por Urano, un planeta con una rotación inusual y una órbita excéntrica. Urano fue descubierto en 1781, justo después de la guerra de secesión norteamericana, poco antes de la revolución francesa y en medio de la revolución industrial; de ahí la asociación con el cambio y la innovación. Hoy los astrólogos prestan más atención a los instintos uranianos radicales de Acuario que a la afición saturnina por la ley y el orden, pero un verdadero Acuario puede ser una mezcla de los dos: deseoso de probar cualquier novedad, pero con un gran respeto por la tradición.

Sagitario, representa a los inventores, profesores, periodistas, filósofos y escritores. Pero como signo fijo, Acuario tiende a ser terco, resistente al cambio y reticente al compromiso. Cuando se aferra a sus principios, puede ser algo muy bueno, pero hay veces en que Acuario debería intentar ser más flexible, aceptar el consejo de otros y encontrar un punto intermedio que beneficie a todos.

Personajes nacidos con el Sol en Acuario son: Mozart, James Joyce, Eartha Kitt, Gertrude Stein, Lord Byron, Zsa Zsa Gabor, Lewis Carroll, James Dean, Abraham Lincoln, Jacqueline du Pré, Charles Dickens, Ronald Reagan, Paul Newman, Vanessa Redgrave, Mia Farrow y Yoko Ono.

Las relaciones de Acuario

La popularidad de Acuario puede atribuirse a las cualidades individualistas (y en ocasiones anárquicas) del signo, pero mientras que a algunas personas les fascina el comportamiento excéntrico y a veces salvaje y chiflado del clásico Acuario, a otras les irrita lo que consideran egoísmo del signo. Sea cual sea el tipo de relación, la vida nunca será aburrida junto a un Acuario, porque Acuario siempre anima a sus compañeros más displicentes, obliga a sus amigos a cuestionar su propio comportamiento, y dan la vuelta a las ideas ya aceptadas.

Como algunos de los otros signos, Acuario posee ideas preconcebidas acerca de cómo debería funcionar una relación y de cuál es la mejor manera de comportarse en pareja. Así pues, igual que Capricornio, cree en los

el aguador

En las culturas antiguas, se creía que el agua representaba el potencial de la humanidad para mejorarse y crear un mundo mejor. El símbolo de Acuario es un hombre o una mujer inclinando un cántaro. De ahí que se suponga que el papel de los Acuario es propagar las ideas y estar en la vanguardia del pensamiento nuevo. En sus vidas cotidianas, los Acuario a veces desean comulgar con nuevas ideas y suelen alegrarse probando cualquier aparato nuevo.

modales educados y en las tradiciones clásicas de hospitalidad. Pero, como Libra, Acuario en ocasiones trata de hacer encajar a su pareja en un molde y, claro está, esto puede provocar problemas en su relación.

Y mientras que Acuario tiene muchos amigos, habrá pocos con los que tenga una relación estrecha; se dice que le encanta la gente pero huye de la intimidad. En ocasiones se le critica por ser frío y nada emocional. Esto puede deberse a que es un signo de Aire y un creyente en la razón. No se trata de que no le importe, pero piensa demasiado en cómo puede mostrar sus emociones sin arriesgarse al rechazo o avergonzar a los otros. Como pensador, ve los problemas que puede causar una pasión desenfrenada, y cómo cuando la gente se enamora locamente, el resultado puede ser caótico y doloroso. Por ello, deduce que es más seguro ir solo en la vida.

Las relaciones con otros Acuario suelen ser las más francas, principalmente porque comparten un enfoque racional de la vida. El problema es que entre ellos pueden encontrar una explicación convincente para conceptos como el amor romántico, y pueden perderse la diversión que el romance aporta a una relación. En lo que respecta a las relaciones con los otros signos de Aire, las de Acuario y Géminis son satisfactorias, pero pueden fallar si ninguno reconoce los sentimientos tempestuosos cuando aparecen. Libra y Acuario son los más diferentes, porque mientras Acuario está más feliz haciendo lo que le gusta, Libra prefiere hacer lo que otros quieren. Por lo general, siempre que estén de acuerdo, todo irá bien, pero los Acuario pueden verse frustrados por la precaución de Libra y a Libra puede molestarle la ruda individualidad de Acuario.

estrategias vitales

- ACUARIO TIENE MUCHOS AMIGOS PERO A VECES PREFIERE RESOLVER SOLO LOS ASUNTOS DIFÍCILES. DESPUÉS, CUANDO DUDA, LE ENTRA EL PÁNICO. UTILICE SU RED DE AMIGOS Y ALIADOS PARA AYUDARLE EN LOS MOMENTOS MÁS DELICADOS.

- CON SU GUSTO POR EL CAMBIO Y LA INNOVACIÓN, A VECES LLEVA LAS COSAS DEMASIADO LEJOS. INTENTE SEGUIR ESTA PAUTA: "SI ESTÁ ROTO, NO LO ARREGLES," Y HAGA CAMBIOS SÓLO SI VAN A APORTAR BENEFICIOS.

- SI ES USTED UN ACUARIO DE MENTE SERIA Y SATURNINA, RESERVE UN POCO DE TIEMPO PARA "DESMELENARSE" DE VEZ EN CUANDO. Y SI ES USTED UN DISCIPLINADO SEGUIDOR DE URANO, INTENTE PASAR UNA SEMANA SIGUIENDO UNA RUTINA ESTRICTA.

- CREE EN LA IGUALDAD Y LE GUSTA IMAGINAR QUE TODOS SOMOS IGUAL DE BUENOS, PERO EN EL FONDO NO SIEMPRE CONFÍA EN QUE OTRAS PERSONAS HAGAN COSAS POR USTED. ADEMÁS, A MENUDO ES DEMASIADO ORGULLOSO PARA PEDIR NADA. INTENTE CONFIAR EN LA GENTE Y COMPARTA LA RESPONSABILIDAD DEL TRABAJO. SI NO LO HACE, TENDRÁ QUE SOPORTAR SOLO TODA LA CARGA.

- ES MUY CONSCIENTE DE LO SINGULAR QUE ES USTED, PERO A VECES TRATA A LOS DEMÁS COMO SI FORMARAN PARTE DE UNA MASA HOMOGÉNEA. NO OLVIDE QUE EL RESTO TAMBIÉN SON PERSONAS.

- RECUERDE QUE, COMO SIGNO DE AIRE, ES USTED UN COMUNICADOR, PERO PUEDE SER HIRIENTE Y DEBERÍA TENER EN CUENTA QUE LA SINCERIDAD PUEDE OFENDER A LOS SENSIBLES.

- NO TRATE DE ANALIZAR O BUSCAR EXPLICACIONES PARA LAS EMOCIONES DEL SER AMADO. ESCUCHE, COMPARTA Y OFREZCA APOYO Y COMPRENSIÓN.

Los signos de Tierra –Tauro, Virgo y Capricornio– ofrecen a Acuario seguridad, pero también le desafían a poner en práctica sus sueños. Tauro puede acercarse más a Acuario; a veces comprenden instintivamente las necesidades del otro. Acuario y Virgo tendrán una relación maravillosa, siempre que tengan en cuenta sus diferencias y mantengan la distancia a veces. Las tendencias anárquicas de Acuario pueden fascinar a Virgo, pero si viven juntos, es posible que le resulten perturbadoras. Por otra parte, a Acuario le gusta la eficiencia de Virgo, pero a veces puede darla por hecho. Acuario y Capricornio se llevan bien siempre que Acuario aporte la emoción y Capricornio se ocupe de los detalles de la vida cotidiana, pero cuando se distancian, Acuario culpa a Capricornio de interponerse en la consecución de sus sueños, mientras que Capricornio pierde la fe en la capacidad de Acuario de hacer las cosas.

Las relaciones Acuario–Fuego funcionan bien cuando cada uno comparte los entusiasmos del otro. Cuando Acuario se une a Leo, el resultado puede ser electrizante: con frecuencia los 2 se sienten atraídos de manera compulsiva. Lo malo es que el desamor puede ser igualmente fuerte, y cuando se distancian, los resultados

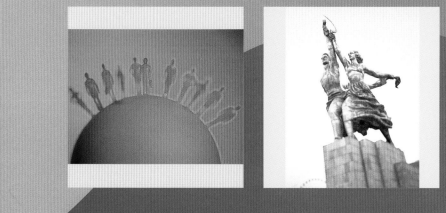

pueden ser demasiado "públicos". Lo que necesitan es concederse más espacio e intentar encontrar soluciones prácticas cuando surjan problemas. Las relaciones entre Acuario y Aries suelen basarse en compañerismo más que en pasión. Esto no significa que no puedan experimentar pasión o enamorarse, sino que pueden preferir ser los mejores amigos de por vida. Si se separan suele ser porque ya han obtenido todo el uno del otro y deciden buscar nuevos horizontes. Acuario y Sagitario son aventureros amantes de la libertad. Sus relaciones prosperan, siempre que persigan las mismas ambiciones en el mismo lugar y al mismo tiempo.

Las relaciones con los 3 signos de Agua pueden ser estrechas. Piscis y Acuario no suelen considerarse compatibles, pero con frecuencia ven absurdo cómo el resto de los signos hacen las cosas, además de tener cierta disposición a alejarse de lo establecido. Las emociones intensas de Escorpio resultan explosivas en combinación con los sueños de Acuario, mientras que la vena salvaje de Acuario a veces atrae al lado travieso de Cáncer.

La salud y el bienestar de Acuario

En la astrología médica, Acuario rige los tobillos y éstos son con frecuencia el punto débil de su anatomía, pero su estatus como signo de Aire pensador implica que la mayor parte de sus problemas de salud se deben a sus nervios. Con tantos pensamientos y tantas ideas en su cerebro, Acuario a veces padece una especie de sobrecarga intelectual y luego sucumbe a la tensión. Cuando esto ocurre, le resulta imposible pensar coherentemente, y mucho menos poner en práctica sus planes.

Existen muchas maneras para que los Acuario se enfrenten a la tensión nerviosa. Una es practicar la meditación y los ejercicios de relajación, pero si los Acuario no pueden refrenar sus pensamientos, podrían intentar poner música tranquila y dejar que su mente se distraiga con la melodía. Los masajes regulares también aportan grandes beneficios a la mente y al cuerpo, aunque otra alternativa es el ejercicio físico realmente fuerte: el ejercicio vigoroso es genial para librarse de la tensión nerviosa.

Aunque Acuario, al ser individualista, no es un gran jugador de equipo, sí le gusta sentir que forma parte de un grupo. Si tiene una oportunidad de brillar, estará contento de estar en un equipo pero, de no ser así, tal vez disfrute saliendo con amigos o yendo al gimnasio con los compañeros de trabajo. Dado que Acuario se siente atraído hacia lo inusual, las disciplinas de ejercicio orientales pueden ser justo lo que deseen. Estas van desde las artes marciales como judo, kendo y kárate hasta prácticas más tranquilas como el yoga, tai chi o qi gong. A Acuario le gusta elegir entre opciones de ejercicio de todo el mundo. Al final se aficionará a una que le parezca distintiva y que cubra sus necesidades.

La actitud de Acuario hacia la comida, como el mismo signo, es con frecuencia paradójica. A veces trata los alimentos como una cosa irrelevante, un mal necesario y una distracción de las cosas más emocionantes de la vida. Después, considerará al cuerpo físico como un estorbo que se cansa y está sujeto a la enfermedad, y se alimentará de comida basura, sin parar de comer y picando en lugar de sentarse a una buena mesa. Pero otras veces, Acuario se interesará por lo que come y comenzará a experimentar: un día hará dieta de proteínas, otro será vegetariano y otro tomará comidas del otro extremo del mundo… no hay manera de saber lo que hará después.

Uno de los mejores remedios para la tensión de Acuario es un entorno tranquilo. De acuerdo con Saturno, uno de los regentes del signo, el hogar Acuario debería estar decorado con colores oscuros, mientras que Urano, el otro regente, sugiere azules eléctricos y rosas. Pero estos colores no son nada relajantes, así que Acuario tal vez debería optar por los tonos pasteles de estos colores. Lo que en realidad necesita Acuario es un rincón especial para relajarse donde no esté presente la tecnología –teléfonos móviles, faxes y ordenadores– que tanto adora el signo.

la era de Acuario

SEGÚN ALGUNOS, EL MUNDO ESTÁ A PUNTO DE ENTRAR EN UNA NUEVA ERA DE PAZ, IGUALDAD Y ARMONÍA: LA ERA DE ACUARIO. ESTAS PERSONAS CREEN QUE LA HISTORIA ESTÁ DIVIDIDA EN PERÍODOS DE UNOS 2 160 AÑOS, CADA UNO DE LOS CUALES ES UNA DOCEAVA PARTE DE UN CICLO DE 26 000 AÑOS. DURANTE ESTE TIEMPO, LAS ESTRELLAS DESCRIBEN UN CICLO COMPLETO EN EL CIELO RESPECTO A LOS SIGNOS DEL ZODÍACO. CUANDO EL EQUINOCCIO DE PRIMAVERA TENGA LUGAR EN LA CONSTELACIÓN DE ACUARIO, COMENZARÁ LA ERA DE ACUARIO.

POR DESGRACIA, NADIE PUEDE DECIDIR CUÁNDO COMENZARÁ LA ERA DE ACUARIO. EL CONSENSO LA SITÚA DENTRO DE UNOS 400-600 AÑOS. PERO LA FECHA DE SU COMIENZO NO ES TAN IMPORTANTE COMO LO QUE ESTO REVELA ACERCA DE NUESTRA CONTINUA NECESIDAD DE MIRAR A LOS CIELOS EN BUSCA DE LA SALVACIÓN. LOS CREYENTES DE LA ERA DE ACUARIO NO SON DEL TODO PASIVOS, PUES LOS MITOS DE RENOVACIÓN Y RENACIMIENTO INSISTEN EN QUE TRABAJEMOS CUANTO PODAMOS PARA PREPARAR MEJOR EL FUTURO. ENTRE ESTAS PERSONAS FIGURAN LOS MÍSTICOS DE PRINCIPIOS DEL SIGLO XX (ANNIE BESANT, ALICE BAILEY Y RUDOLF STEINER), QUE PROMOVIERON MUCHAS IDEAS INNOVADORAS EN LOS CAMPOS DE LA EDUCACIÓN, LA PSICOLOGÍA Y LA AGRICULTURA ORGÁNICA.

festividades

Acuario trae celebraciones de año nuevo, siendo las más extendidas las del año nuevo chino. En las calles desfilan "dragones" –el dragón es un símbolo de buena suerte– y se golpean gongs para espantar a los demonios malignos, pero la mayoría de las celebraciones tienen lugar en el hogar. La gente compra ropa nueva, salda deudas, resuelve disputas, compra flores y plantas, da dinero a los niños y limpia las cocinas. El motivo de limpiar las cocinas es que, en el año nuevo, el dios de la cocina informa a los dioses superiores del comportamiento de la familia durante el año. Evidentemente, una cocina limpia significa un buen informe, y para animar al dios a decir cosas dulces, la familia frota con miel los labios de su estatua del dios que hay en la cocina.

El año nuevo coreano comienza el mismo día que el chino. Los niños coreanos tratan de mantenerse despiertos el mayor tiempo posible, motivados por el temor a que, si se quedan dormidos antes de medianoche, ¡sus cejas se volverán blancas al llegar la mañana! El Día de Año Nuevo, toda la familia realiza ofrendas a sus antepasados y, después, los jóvenes llevan a cabo la *sebae*, inclinándose ante los mayores en señal de respeto y para desearles buena fortuna en el año entrante. Es un ritual que integra el respeto saturnino de Acuario por la edad.

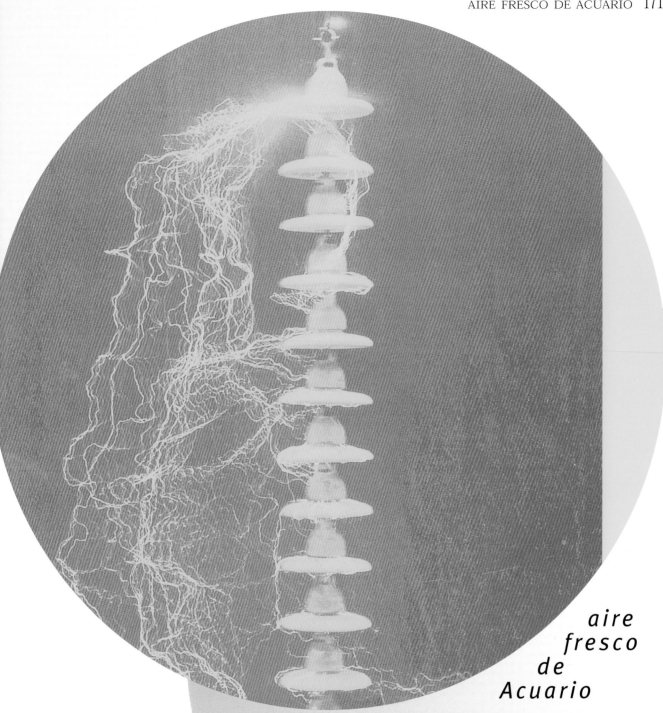

aire fresco de Acuario

¿Es usted de los que se niega a averiguar cómo funciona un vídeo o un ordenador? ¿Se encuentra perdido ante los reproductores de CDs, DVDs o internet? Tal vez esté desaprovechando estos emocionantes avances tecnológicos, así que siga el ejemplo de Acuario y esfuércese por aprender a utilizarlos e incorpórelos a su vida. Descubrirá una experiencia totalmente reveladora.

Acuario nos anima a vivir en el mundo de las ideas

una meditación

SATURNO, EL REGENTE DE ACUARIO, A VECES PROVOCA DUDAS EN EL SIGNO. ESTA MEDITACIÓN ESTÁ BASADA EN EL SÍMBOLO DE ACUARIO, EL AGUADOR, Y EN LA IDEA DE QUE UN RÍO ATRAVIESA DISTINTOS PAISAJES EN SU CURSO HACIA EL MAR. ÉSTOS SIMBOLIZAN LAS POSIBILIDADES QUE ACUARIO ENCUENTRA A LO LARGO DE SU VIDA. LA MEDITACIÓN ESTÁ DISEÑADA PARA POTENCIAR LA CONFIANZA DE ACUARIO.

Busque un lugar tranquilo donde tumbarse o sentarse. Imagine que está en la cima de una montaña. A su lado, hay un arroyo resplandeciente. Ahora está tumbado en el arroyo. De hecho, siente como si usted fuera el arroyo. El agua limpia su cuerpo y calma sus nervios. Poco a poco, el paisaje cambia de montañoso a boscoso y luego a una pradera. El arroyo se transforma en un río caudaloso que arrastra todo a su paso. Comienza a sentirse más poderoso, más centrado y más consciente de lo que puede lograr. A medida que el río avanza hacia el mar, cobra conciencia de sus ilimitadas posibilidades en la vida. No hay límites, excepto los que usted se imponga. Cuando esté preparado, abra los ojos y sabrá que puede acometer proyectos que antes creía fuera de su alcance.

constelación

La constelación de Acuario es bastante difícil de ver porque contiene pocas estrellas brillantes. Primero, localice el "cuadrado" de Pegaso y el caballo alado, las 4 estrellas que dominan el cielo nocturno en octubre y noviembre. Son más fáciles de avistar en la ciudad que en el campo, donde la presencia de otras muchas estrellas confunde la visión. Una vez localizado Pegaso, mire hacia abajo y a la derecha —a la izquierda si está en el hemisferio Sur— y estará mirando a Acuario.

y a ser más radicales y librepensadores

piscis

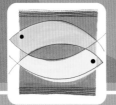

mutable, agua, femenino

20 de febrero – 20 de marzo

PISCIS ES EL ÚLTIMO SIGNO DEL CALENDARIO ASTROLÓGICO, EL FIN DE TODAS LAS COSAS, LA TERMINACIÓN Y CULMINACIÓN DE LA EXPERIENCIA HUMANA. ENCIERRA LOS LOGROS DE LOS 11 SIGNOS ANTERIORES, PERO TAMBIÉN SUS ERRORES. ESTO LE CONVIERTE EN EL MÁS SABIO DE LOS SIGNOS. MOVIDO POR LA EMOCIÓN, ES UN SIGNO DE AMOR, Y CON SU DESINTERÉS E IDEALISMO, ES TAMBIÉN UN SIGNO DE SALVACIÓN, PERO SUS PUNTOS DÉBILES SON LA CONFUSIÓN, EL SENTIMENTALISMO Y EL ESCAPISMO. MEDIANTE SU EJEMPLO, PISCIS ENSEÑA A LOS OTROS SIGNOS QUE MUCHOS DE LOS PROBLEMAS DE LA VIDA NO SON IMPORTANTES. EL MUNDO REAL ES EL DEL ESPÍRITU, EL REINO DE LOS MÍSTICOS, SOÑADORES Y VISIONARIOS.

Los motivos de amor y salvación, así como la imagen del pez tipifican los mitos y leyendas Piscis. Según un mito de la antigua Grecia, hubo una batalla entre los dioses y las diosas, en la que Zeus destronó a su padre, Cronos. Para dar una lección a Zeus y sus seguidores, la esposa de Cronos, Gea, se apareó con Tártaro —un dios del inframundo más inferior— y dio a luz a Tifón, el monstruo más terrible que jamás hubiera existido. Tifón causaba estragos allí donde iba y cuando Afrodita, diosa del amor, le vio acercarse, se refugió junto a su hijo Eros en las orillas del Eúfrates. Temerosos de que Tifón les encontrara, saltaron al río y fueron salvados por 2 peces que los llevaron a los cielos.

Una historia bíblica cuenta cómo Dios le dijo a Jonás que advirtiera a los malvados habitantes de Nínive de que él les iba a destruir. Jonás no cumplió la voluntad de Dios y huyó al mar. Naufragó en una tormenta y se lo tragó una ballena. Finalmente, la ballena lo vomitó y Jonás transmitió su mensaje. La gente rogó por su salvación y Dios respondió a sus plegarias.

Piscis tiene tendencia a huir de los asuntos peliagudos —como Afrodita tratando de escapar de Tifón—, y fingir que los problemas desaparecerán si no se les presta atención —como Jonás confiaba en no tener que llevar su mensaje al pueblo de Nínive—. Sin embargo, al final los problemas nos acaban atrapando y, como el monstruo Tifón, podrían dejar tras de sí un rastro de destrucción. Pero como Piscis es un signo de amor, parece adecuado que, en el mito, la diosa pudiera escapar del terrible monstruo.

amable
impreciso
místico
indeciso
cambiante
compasivo
manipulador
receptivo
reflexivo
creativo

turquesa, azules, verde mar, estaño

Piscis es un signo de Agua; un soñador romántico y emocional. Es también un signo mutable y, como tal, posee una naturaleza cambiante. De hecho, es tan cambiante que con frecuencia empieza una tarea y se pasa a otra ante la menor distracción, dejando los asuntos iniciados a medio terminar. Lo cambiante de Piscis también deriva de Júpiter, su planeta regente. En las leyendas antiguas, el dios Júpiter se transformaba en una persona o un animal para realizar conquistas sexuales. Como Júpiter, Piscis puede adaptar sutilmente su personalidad a las circunstancias y, por este motivo, a veces se le denomina el "camaleón del Zodíaco".

Otro aspecto de la variabilidad de Piscis es su disposición –parecida a la de Libra– para estar de acuerdo con la última persona con la que habló. En otras palabras, puede ser infinitamente flexible. Sin embargo, algunos ven esto como una debilidad. Creen que Piscis no tiene voluntad propia, que carece de "columna vertebral" o es un "pez escurridizo". Pero quizá esto sea apropiado ya que, después de todo, el signo de Piscis se basa en el pez. De hecho, el signo está representado por 2 peces nadando en direcciones opuestas, y esto puede interpretarse como una metáfora de la tendencia de Piscis a involucrarse en los mundos espiritual y material al mismo tiempo, y su capacidad para realizar actos opuestos de forma simultánea. Pero los peces suelen aparecer unidos por un hilo, lo que sugiere que los opuestos están siempre conectados, y que un extremo sólo existe en relación con otro. El mar en el que nadan los peces de Piscis es el mundo de los sueños. Para los psicólogos modernos, representa la mente inconsciente.

Pero Piscis no siempre fue un pez. Los antiguos babilonios lo veían como 2 grupos de estrellas en el cielo: *kun mes*, la cola, y *sim mah*, la golondrina. Algunas personas las unían para hacer las "colas de golondrina". La idea de Piscis volando con las nubes, elevándose a las alturas y contemplando todo el mundo aporta una perspectiva

júpiter
y neptuno

PISCIS COMPARTE SU PLANETA REGENTE, JÚPITER, CON
SAGITARIO. JÚPITER ES UN PLANETA DE SABIDURÍA, PERO
MIENTRAS QUE EN SAGITARIO —UN SIGNO DE FUEGO— JÚPITER ES
CONFIADO Y OPTIMISTA, EN PISCIS REPRESENTA UN TIPO DE SABIDURÍA
MÁS CONTEMPLATIVA Y MENOS IMPULSIVA.

PISCIS TIENE UN SEGUNTO REGENTE PLANETARIO —NEPTUNO—,
UN PLANETA DESCUBIERTO EN 1846. EL PAPEL DE NEPTUNO
COMO DIOS DE LAS PROFUNDIDADES RESUME EL
ENSUEÑO ELUSIVO DE PISCIS. LOS 2 PLANETAS SE
COMBINAN PARA HACER A PISCIS SENSIBLE,
VISIONARIO Y NADA PRÁCTICO.

diferente a
la de los peces que se sumergen en las
profundidades del océano explorando los
sentimientos ocultos y el mundo de los sueños.

La espiritualidad de Piscis simboliza a los visionarios, hombres y
mujeres que tomaron un camino de renuncia religiosa, o artistas que interpretaron la realidad. Muchos de los
detalles mundanos de la vida que otras personas se toman en serio, carecen de importancia para Piscis en el gran
esquema de las cosas, y por eso está dispuesto a ceder: de ahí su flexibilidad cotidiana. Pero cuando Piscis percibe
una sensación de destino, luchará por sus creencias, corriendo el riesgo de tomárselo demasiado en serio, y ser
intolerante con los pensamientos de otros en un estilo muy poco Piscis. Y como Piscis no está interesado en los
detalles rutinarios de la vida, tiene fama de ser vago y poco práctico. Aun así, paradójicamente, en ciertos asuntos,
sobre todo en los del corazón, Piscis es un perfeccionista. Esto puede resultar desalentador porque, cualquier cosa
que consigue Piscis, parece no ser suficiente. Tal vez por eso a veces se resiste a hacer algo.

Hay otros aspectos más positivos de Piscis. Puede ser uno de los signos más dulces, amables y encantadores,
pero es extremadamente sensible y fácil de herir. Se empapa rápidamente de las emociones de otras personas,
y si alguien se echa a llorar, lo más probable es que Piscis también lo haga. En consecuencia, un problema típico
de Piscis es que el signo se imagina que ha ofendido a alguien y se siente culpable por ello, muchas veces sin
motivo. Y como se entristece con facilidad, se retrae en sí mismo y parece tímido y nervioso. Esta timidez puede

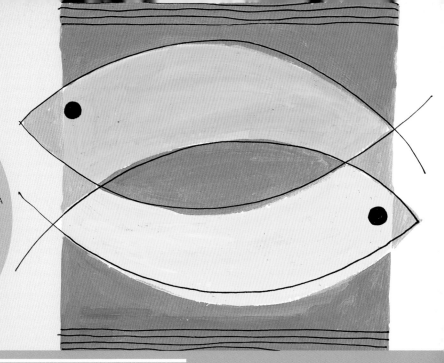

dos peces

El símbolo zodiacal de Piscis muestra a 2 peces nadando en direcciones opuestas. Se dice que representan la capacidad de Piscis para realizar 2 actos contrarios a la vez, pero algunos dicen que representan la parte de Piscis que se niega a rendirse a las presiones prácticas o materiales, y nos arrastra donde quiere.

llevar a la gente a pensar que los Piscis son fríos, distantes y nada emotivos, cuando en realidad no es más que una falta de confianza causada por heridas del pasado. Con una doble ración de amor, afecto, apoyo y confianza por parte de sus amigos y familiares, rápidamente saldrán de sí mismos.

Los personajes nacidos con el Sol en Piscis incluyen un buen número de soñadores, visionarios y artistas, entre los que destacan: Albert Einstein, Miguel Ángel, George Washington, Frédéric Chopin, Rudolf Nureyev, Patty Hearst, Elizabeth Taylor, Vassili Nijinsky, Liza Minnelli, Ivana Trump, Jean Harlow y Mikhail Gorbachov.

Las relaciones de Piscis

Los Piscis aportan a sus relaciones una habilidad sencilla, pero muy útil: la capacidad para adaptar su comportamiento para así reflejar a las personas con las que están. El resultado es que a veces se les critica por tratar de ser todo para todos; sin embargo, los psicólogos dicen que es bueno reflejar el comportamiento de otras personas, porque esto genera confianza y un espíritu de compromiso y armonía. Pero el inconveniente es que al hacerlo, Piscis puede olvidarse de quién es, e incluso pasar por alto los defectos de la persona a la que ama. Con el tiempo puede descubrir que el objeto de su afecto no merece la pena, pero a veces esta simple realidad se les escapa por completo.

estrategias vitales

- Como persona intuitiva, le resulta difícil distinguir los sentimientos de los actos. Asegúrese de sus actos antes de tomar ninguna decisión que pueda tener consecuencias serias.

- Preste atención a los aspectos prácticos de la vida. Impóngase una rutina para tareas como abrir las cartas y pagar las facturas... No vaya a despertarse y descubrir que le han embargado.

- Si le acusan de ser vago, olvide que nació bajo un signo etéreo. En cambio, anticípese al avance del Sol a Aries, e intente mantener el ritmo y resolver cosas.

- No se culpe siempre de que los planes salgan mal y recuerde que no siempre tiene que responder por los otros.

- Es fácil ganarse la reputación de incompetente, así que hágase cargo únicamente de las cosas que sepa hacer, y hágalas bien y a tiempo.

- Haga gala de sus puntos fuertes. Cuando los seres amados están tristes, anímelos a hablar y ofrézcales apoyo emocional y sabiduría.

Los Piscis son unos auténticos románticos, empeñados en la búsqueda de la pareja perfecta. Es como si los 2 peces de Piscis se estuvieran buscando el uno al otro pero, como miran en direcciones opuestas, no se encontrarán nunca. En el mundo real no existe la pareja perfecta, así que los Piscis están condenados a no encontrar lo que buscan. Su búsqueda de la perfección supone también que no aceptan sus propias limitaciones, y esto conlleva una falta de confianza y la sensación de no ser dignos de ser amados. La autocompasión no es una cualidad atractiva, por lo que Piscis debe romper este ciclo si desea encontrar la felicidad junto a alguien.

Piscis suele sentirse atraído por los signos de Agua porque cree que comprenden sus sentimientos mejor que el Fuego, el Aire y la Tierra. Cuando 2 Piscis se unen, sorprendentemente, la relación no siempre es fácil. O se odian al instante o, como muchas veces ocurre, cada uno le recuerda al otro las cualidades que odian en ellos mismos y surge una tirantez nada buena para el futuro de la relación. Piscis se lleva muy bien con los otros signos de Agua –Cáncer y Escorpio–. Estos 2 signos son románticos y no suelen molestarse ante las demostraciones de emoción tan comunes en Piscis. De los 2, Cáncer tiene más posibilidades de formar una relación a largo plazo con Piscis, pero si se distancian, puede deberse a un fallo de comunicación y cada uno asume que el otro sabe lo que siente (en ocasiones, de forma equivocada). En las relaciones con Escorpio, Piscis puede encontrar la intensidad de Escorpio

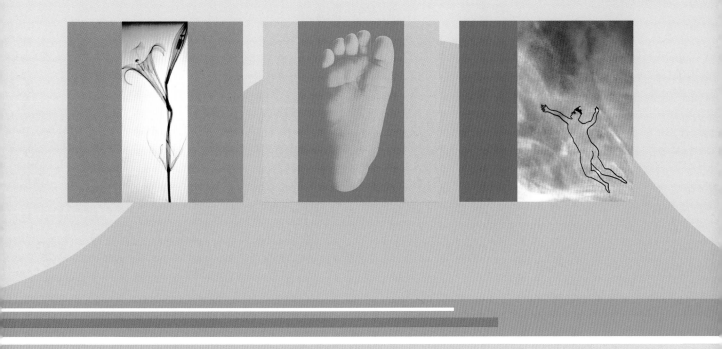

emocionante y peligrosa, mientras que Escorpio aprecia las cualidades alegres de Piscis, pero los 2 pueden venirse abajo si se amargan o se enfurruñan en lugar de enfrentarse a las dificultades emocionales.

Piscis mira a los signos de Tierra en busca de seguridad. Sus relaciones más intrigantes suelen ser con Virgo, a quien le fascina la imaginación de Piscis, mientras que a éste le atraen las habilidades prácticas de Virgo. Si las cosas van mal, Virgo se desespera ante la negativa de Piscis a enfrentar la realidad, y Piscis ya no soporta la meticulosidad de Virgo. Con Tauro comparte el gusto por los placeres de la vida, pero ambos pueden distanciarse si Piscis decide cambiar, mientras que el terco Tauro quiere permanecer inmóvil. Las relaciones con Capricornio se basan en la camaradería, pero si Piscis percibe una falta de unión entre ellos, podrán ser buenos amigos pero nunca amantes.

Las relaciones con los 3 signos de Aire suelen ser animadas. A Géminis le encanta la imaginación de Piscis, que le aporta una chispa de estimulación intelectual y un sentido de la aventura. Pero a veces esto no es suficiente para mantenerlos unidos. En las relaciones con Libra, el amor por la belleza de Libra se da la mano con la sensibilidad de Piscis, pero los 2 pueden chocar si Libra se aferra a sus ideas firmes acerca de cómo debería vivirse la vida, mientras que Piscis sólo desea seguir sus instintos. Piscis y Acuario no suelen considerarse compatibles, pero en realidad no hay nada que les impida establecer una relación estrecha. Con frecuencia, comparten una visión acerca del comportamiento ajeno y una disposición a salirse de lo establecido.

Las relaciones con los 3 signos de Fuego pueden ser tormentosas. Aries es tal vez el más distinto de Piscis, y aunque pueden compartir las mismas pasiones, sus relaciones funcionan mejor cuando cada uno sabe lo que

tiene que hacer y sus responsabilidades nunca coinciden. Suele haber una magia especial en la unión de Piscis con Leo. Los 2 tienen imaginación creativa y desean elevar la vista por encima de las expectativas de la vida cotidiana. Piscis y Sagitario comparten el sentido del idealismo y son reticentes a verse atados. En una relación, pueden animarse mutuamente a explorar nuevas creencias y estilos de vida, pero a veces no llevan a cabo proyectos —como crear un hogar juntos— que cimentarán una relación a largo plazo.

La salud y el bienestar de Piscis

En la astrología médica, Piscis rige los pies y por eso se dice que los Piscis pueden tener pies planos, grandes colecciones de zapatos, y deberían realizar actividades como bailar, que exigen destreza en los pies. No sorprende que el clásico remedio Piscis sea la reflexología. Ésta se basa en el principio de que cada parte del pie está conectada a una región del cuerpo distinta, y que aplicando presión sobre puntos específicos del pie, es posible aliviar muchas dolencias. A falta de reflexología, los Piscis se conformarán con un sencillo masaje en los pies.

Piscis es el más "acuoso" de los signos de Agua, así que cabe esperar que los Piscis se mantengan en forma nadando y que disfruten relajándose en una sauna. Pero lo que Piscis valora más en cualquier tipo de deporte es cierta finura y delicadeza, por lo que bailar —que enlaza con "los pies" de Piscis— es la forma perfecta para que los Piscis se mantengan a tono. Caminar es otro ejercicio clásico de Piscis: al andar, se masajean los pies y esto puede considerarse el equivalente a una sesión de reflexología. Pero cuando Piscis está caminando, no debería esforzarse por encontrar el calzado adecuado; si surge una confrontación entre moda y comodidad, ésta debería ganar siempre.

Se ha observado que las personas nacidas bajo este signo a veces sienten como si su cuerpo les debilitara o no les respondiera en cierta manera. Pueden reaccionar ante esto excediéndose con la comida y la bebida o, en el extremo contrario, cayendo presas de la última moda saludable. También se dice que, en su búsqueda por escapar de este mundo y explorar otras cualidades, los Piscis a veces se sienten atraídos por la bebida y las drogas. Pero esto es generalizar demasiado; lo que puede ser cierto es que los Piscis son más conscientes que nadie de que las revelaciones recibidas bajo la influencia del alcohol o las drogas no son más que ilusiones.

Piscis es bastante vulnerable al estrés, no porque sea muy trabajador, sino porque es sensible y, por lo tanto, menos capaz de tolerar las situaciones tensas o desagradables que muchos otros signos. Esto significa que el entorno perfecto para Piscis es tranquilo y apacible, con mucha vegetación y una buena vista del campo y el cielo, preferiblemente cerca del agua. A Piscis le encanta el lujo, pero no hará nada fuera de lo común para crear un entorno lujoso para sí mismo. Al contrario, los Piscis suelen contentarse –quizá por pereza– con cualquier cosa que esté de oferta. Aprecian el orden pero, si se les deja solos, vivirán en un caos organizado. Odian tirar las cosas, así que es habitual que vivan rodeados de recuerdos del pasado. En lo que respecta a su entorno, Piscis necesita aprender una lección de Virgo, el signo del cuidado y la atención al detalle. En lugar de esperar que alguien venga y haga las cosas, Piscis debería ponerse manos a la obra y hacerlas él mismo.

aire fresco de Piscis

EN MUCHAS PARTES DEL MUNDO OCCIDENTAL, LA ESPIRITUALIDAD SE HA VISTO SUSTITUIDA POR EL MATERIALISMO. PASAMOS MUCHO TIEMPO PENSANDO EN LO QUE PODEMOS COMPRAR, IMAGINANDO QUE ESTO NOS HARÁ FELICES, PERO CON FRECUENCIA DESCUBRIMOS QUE CUANDO LO TENEMOS, NO CONSEGUIMOS LA FELICIDAD. SI ES CONSCIENTE DE QUE ESTO LE OCURRE, DETÉNGASE A VALORAR LAS COSAS Y TRATE DE PONER ALGO DE ESPIRITUALIDAD EN SU VIDA. ESTO PODRÍA IMPLICAR RETOMAR LA RELIGIÓN, PASAR MÁS TIEMPO CON SU FAMILIA Y AMIGOS, O SIMPLEMENTE ADMIRAR LA BELLEZA DEL MUNDO.

festividades

El tema principal de las festividades de Piscis es la renuncia y el sacrificio, porque Piscis, igual que Virgo, tiene tendencia a sacrificarse por el bien de una relación, a comprometerse por otros.

Ésta es la época del año de la Cuaresma cristiana, el período de 40 días que precede a la Semana Santa. Conmemora los 40 días que Jesús pasó luchando con el demonio en el desierto antes de su bautismo. Según la tradición, la Cuaresma es una época para renunciar a los placeres de la carne y a algo que nos guste mucho, como el alcohol o el tabaco. El comienzo de la Cuaresma es, en los países católicos, la excusa para el Carnaval –la palabra "carnaval" procede de las voces latinas *carne* y *vale* (adiós)–. Las personas practicantes a veces donan el dinero que ahorran durante la Cuaresma a una obra benéfica. Por eso, el tema de la Cuaresma es el sacrificio. Al renunciar a un placer, se reconoce el valor de la abstinencia de Cristo en el desierto.

La Semana Santa tiene lugar después, cuando el Sol está en el signo de Aries. Esta festividad conmemora el sacrificio supremo, el momento en que Cristo fue crucificado y cargó con los pecados del mundo. Por lo tanto, la Semana Santa, pese a caer con el Sol en Aries, también tiene connotaciones Piscis, pero los signos del Zodíaco a veces coinciden. Durante la Semana Santa, el Sol atraviesa con frecuencia las estrellas de Piscis.

mesías

EL PSICÓLOGO CARL JUNG APUNTÓ

CÓMO, DURANTE SIGLOS, PISCIS ESTUVO

ASOCIADO CON EL MESÍAS. UN ESTUDIOSO JUDÍO

PORTUGUÉS DEL SIGLO XV HABÍA SEÑALADO QUE EN EL

SIGNO DE PISCIS HABÍA APARECIDO UNA CONJUNCIÓN ENTRE

JÚPITER Y SATURNO POCO ANTES DEL NACIMIENTO DE MOISÉS (NO EL MESÍAS,

SINO UNO DE LOS PROFETAS MÁS IMPORTANTES DEL JUDAÍSMO). Y EN EL SIGLO XVII, EL ASTRÓNOMO JOANNES KEPLER

PUBLICÓ SU TEORÍA DE QUE LA MISMA ALINEACIÓN HABÍA OCURRIDO EN EL 4 A. C, Y QUE NO ERA OTRA SINO LA

ESTRELLA DE BELÉN, ANUNCIANDO EL NACIMIENTO DE CRISTO.

JUNG TAMBIÉN APUNTÓ QUE LOS PRIMEROS CRISTIANOS UTILIZABAN EL PEZ COMO SÍMBOLO SECRETO. ESTO SE DEBÍA EN

PARTE A QUE JESÚS LES HABÍA DICHO A SUS DISCÍPULOS QUE SERÍAN "PESCADORES DE HOMBRES", PERO TAMBIÉN

PORQUE, SEGÚN JUNG, ESOS CRISTIANOS HABÍAN OBSERVADO QUE EL SOL SE ELEVABA EN LAS ESTRELLAS

DE PISCIS EN EL EQUINOCCIO DE PRIMAVERA. AL ESCULPIR IMÁGENES DE PECES EN LAS

CATACUMBAS, LOS CRISTIANOS ANUNCIABAN QUE EL CRISTIANISMO ERA LA

RELIGIÓN DE LA NUEVA ERA ASTROLÓGICA, Y QUE PISCIS ERA

EL SIGNO DE LA SALVACIÓN.

sensible e imaginativo,

una meditación

Piscis es sensible y, en ocasiones, le resulta difícil enfrentarse a inconvenientes. Esta meditación Piscis está diseñada para que restaure su fe en sí mismo y en el futuro.

Busque un lugar tranquilo, cierre los ojos e imagine que está tumbado en la playa junto a un mar en calma.

Después de un rato, imagine que está flotando, a salvo, en el agua. Ahora está bajo el agua, pero sigue a salvo.

Ve una luz que le atrae, procedente de una cueva submarina. Una parte de usted desea entrar en la cueva, pero otra parte duda. Adquiera consciencia de sus sentimientos, incluso de los negativos. Cuanto más se adentra, más brilla la luz. Ahora está en el corazón de la cueva y comprueba que la luz procede de un cofre del tesoro. La tapa está abierta y está lleno de cosas maravillosas. Las mira hasta que encuentra una que parece estar llena de significado para usted: sabe que es un talismán que restaurará su espíritu siempre que se sienta en baja forma. Lo coge y sale de la cueva, mirando a su alrededor antes de subir a la superficie para comprobar que siempre sabrá cómo regresar. Cuando llega a tierra firme, tal vez desee dibujar o modelar, o hablar de ello con sus amigos. Sea consciente del significado que el talismán tiene para usted. Y también de que hay más tesoros esperando a ser descubiertos que representan su yo más profundo.

constelación

Las estrellas de Piscis son invisibles en marzo porque se ven oscurecidas por el resplandor del Sol, pero pueden verse en septiembre a medianoche, con sus 2 peces unidos por una fina línea de estrellas. Se ha sugerido que el inmenso tamaño de la constelación es un indicativo de su larga edad. En su creación, había pocas constelaciones y una gran cantidad de cielo por llenar. Es una teoría hermosa, pero hay pocas pruebas. De todos modos, Piscis nunca ha sido un signo que se preocupe por los hechos...

Piscis nos enseña a invocar al futuro a través de nuestros sueños

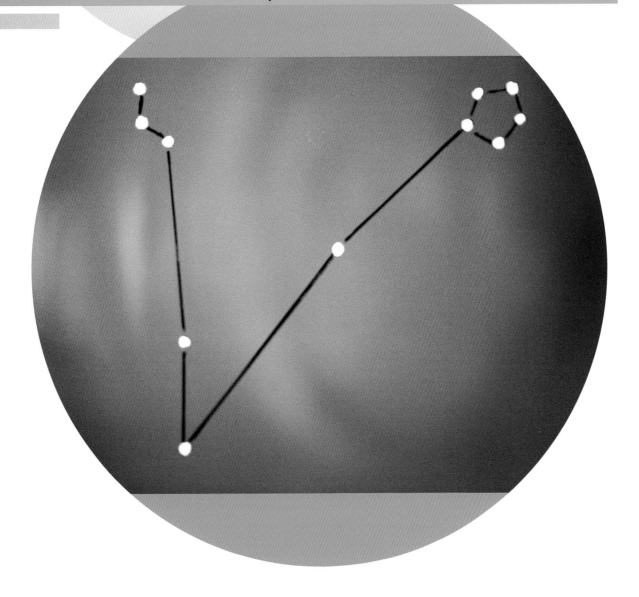

Son las

A

ACUARIO, 161–173
AGUADOR, 165
ARQUEROS, 137
ARIES, 21–33
ASTEROIDES, 139

C

CABRA, 151
CÁNCER, 63–75
CANGREJO, 67
CAPRICORNIO, 147–159
CARNERO, 25
CARTAS
NATALES, 9–10
"CASAS", 10
CENTAUROS, 134, 137
CONSTELACIONES:
    ACUARIO, 173
    ARIES, 33
    CÁNCER, 75
    CAPRICORN,IO 159
    ESCORPIO, 131
    GÉMINIS, 61
    LEO, 89

LIBRA, 117
PISCIS, 187
SAGITARIO, 145
TAURO, 47
VIRGO, 103

CRISTIANISMO, 185
CUALIDADES, 11

E

ELEMENTOS, 11
EQUILIBRIO, 109
ERA
DE ACUARIO, 170
ESCORPIO, 119–131
ESCORPIONES, 120, 121, 123
ESTRATEGIAS
VITALES:
    ACUARIO, 166
    ARIES, 26
    CÁNCER, 68
    CAPRICORNIO, 152
    ESCORPIO, 124
    GÉMINIS, 54
    LEO, 82
    LIBRA, 110

PISCIS, 180
SAGITARIO, 138
TAURO, 40
VIRGO, 96
ESTRELLAS *VER*
CONSTELACIONES

F

FESTIVIDADES, 14–15
    ACUARIO, 170
    ARIES, 30–31
    CÁNCER, 73
    CAPRICORN,IO 156–157
    ESCORPIO, 128–129
    GÉMINIS, 58
    LEO, 86
    LIBRA, 114–115
    PISCIS, 184
    SAGITARIO, 142–143
    TAURO, 44-5
    VIRGO, 100

G

GEMELOS, 50, 53
GÉMINIS, 49–61

H

HERMES, 58
HÉROES, 14
HORÓSCOPOS, 9–10

J

JÚPITER, 136, 178

L

LEO, 77–89
LIBRA, 105–117
LUNA DE LA COSECHA, 101
LEONES, 78, 81
LUNA, 9, 64, 66, 101

M

MARTE, 22, 24, 122
MARÍA,
VIRGEN, 92
MEDITACIÓN:
    ACUARIO, 172
    ARIES, 32
    CÁNCER, 74
    CAPRICORNIO, 158–159
    ESCORPIO, 130
    GÉMINIS, 60

Leo, 88–89
Libra, 116
Piscis, 186
Sagitario, 144
Tauro, 46
Virgo, 102
Mercurio, 52, 58, 94
Mesías, 185
mitología, 14
   Acuario, 162
   Aries, 22
   Cáncer, 64
   Capricornio, 148
   Escorpio, 120, 129
   Géminis, 50
   Leo, 78
   Libra, 106
   Piscis, 176
   Sagitario, 134
   Tauro, 36
   Virgo, 92
Mitraísmo, 47

N

Neptuno, 178

P

pez, 177, 179, 185
Piscis, 175–187
planetas, 10
   Júpiter, 136, 178
   Marte, 22, 24, 122
   Mercurio, 52, 58, 94
   Neptuno, 178
   Plutón, 122
   Saturno, 148, 150, 164
   Urano, 164
   Venus, 39, 106, 108
Plutón, 122

R.

relaciones, 15
   Acuario, 164–167
   Aries, 24–27
   Cáncer, 66–70
   Capricornio, 150–154
   Escorpio, 123–126
   Géminis, 52–56
   Leo, 80–83
   Libra, 108–111
   Piscis, 179–182

Sagitario, 136–140
Tauro, 38–41
Virgo, 95–98

S

Sagitario, 133–45
salud y bienestar:
   Acuario, 167–169
   Aries, 27–29
   Cáncer, 70–71
   Capricornio, 154–155
   Escorpio, 126–127
   Géminis, 56
   Leo, 83–85
   Libra, 111–113
   Piscis, 182–183
   Sagitario, 140–141
   Tauro, 41–43
   Virgo, 98–99
Saturno, 148, 150, 164
simbolismo, 14
signos cardinales, 11
signos de Agua, 14
signos de Aire, 14
signos de Fuego, 14
signos de Tierra, 14

signos fijos, 11
signos mutables, 11
signos solares, 9, 10
sol, 81

T

tablas lunares, 16–19
Tauro, 35–47
toros, 36, 37, 39

U

Urano, 164

V

Venus, 39, 106, 108
vírgenes, 95
Virgo, 91–103

Z

Zodíaco, 9, 10, 11
Zodíaco sideral, 11
Zodíaco tropical, 11

CRÉDITOS FOTOGRÁFICOS

20 Photonica/Daniel Root; 23 Photonica/Syata Tokitsune; 24 Gettyone Stone/EC2701-001 CS; 25 Gettyone Stone/BD1233-001; 27 izqda. Gettyone Stone/828469-001; 27 centre Photonica/Barnaby Hall; 27 der. Photonica/Hajime Ishizeki; 28 izda. Photonica/Marc Tauss; 28 der. Lorry Eason; 29 sup. Photonica/James Gritz; 29 inf. Photonica/Akira Takeda; 30 Photonica/Henry Horenstein; 31 Lorry Eason; 32 Gettyone Stone/EC4974-001; 33 Lorry Eason; 34 Magnum Photos/Eve Arnold; 36-37 Photonica/Paul Mason; 38 sup. Photonica/Nick Vaccaro; 38 inf. Photonica /Christopher J Boyle; 40 Photonica/Andi Martin; 41 izqda. & centro Lorry Eason; 41 der. Photonica/Bruno Ehrs; 42 centro Photonica/Glen Erler; 42 der. Photonica/Gary Powell; 43 Photonica/Littai Tomari; 44 Photonica/Elma Garcia; 45 Gettyone Stone/Interpretations page 111 pic 111P4/OV; 46 Gettyone Stone/887255-001; 47 Lorry Eason; 48 Photonica/(IMA) Kerama; 51 Gettyone Stone/BD0532-001; 52 Photonica/Lisa Powers; 55 centre Gettyone Stone/AR5301-001; 55 der. Lorry Eason; 56 izqda. Photonica/Masao Mukai; 56 centro Photonica/The Special Photographers Company; 56 der. Photonica/Kazuyuki Azuma; 57 Photonica/Rob Carter; 58 Photonica/Masao Mukai; 59 Photonica/David Zaitz; 60 Photonica/Elaine Mayes; 61 Lorry Eason; 62 Photonica/Hideki Kuwajima; 64 Gettyone Stone/BB6038-020; 65 Lorry Eason; 66 Gettyone Stone/MA0366-001; 68 Photonica/Yukimasa Hirota; 69 izqda. Magnum Photos/Rene Burri; 69 centro Photonica/Jane Booth Vollers; 69 der. Photonica/Andrea Motta; 70 izqda. Photonica/Calum Colvin; 70 centro Photonica/Jonathan Brade; 70 der. Lorry Eason; 71 Photonica/Kazuo Shimabukuro; 72-73 Lorry Eason; 74 Gettyone Stone/EC1990-002; 75 Lorry Eason; 76 Photonica/Robert Blake; 78-79 Photonica/Yoshinori Watabe; 79 Gettyone Stone/BC8053-001; 80 Magnum Photos/Alex Webb; 82 Gettyone Stone/LA4356-001; 83 izqda. Photonica/Masano Kawana; 83 centro Gettyone Stone/886784-001; 83 centro Photonica/(IMA) Takuya Imokuma; 83 der. Magnum Photos/G. Pinkhassov; 84 izqda. Photonica/Hirokazu Jike; 84 centro Photonica/Shigeru Tanaka; 84 der. Gettyone Stone/BC7928-002; 85 Photonica/Geoff Power; 86 Lorry Eason; 87 Photonica/Otmar Thormann; 88 Photonica/Clay Patrick McBride; 89 Lorry Eason; 90 Photonica/Tina Merandon; 93 Photonica/Hiroya Kaji; 94 Magnum Photos/Eve Arnold; 95 Photonica/Allen Wallace; 96 Gettyone Stone/888034-001; 97 izqda. Photonica/Hiroya Kaji; 97

circunstancias.

Marsel; 154 der. Gettyone Stone/HN5221.001; 155 Photonica/Armen Kachaturian; 156 Gettyone Stone/828518.002; 157 Corbis/Hulton-Deutsch Collection; 158 Photonica/Fujio Matsumoto; 159 Lorry Eason; 160 Photonica/Gyro Photography; 163 Photonica/Katrin Thomas; 164 Gettyone Stone/163P3 Interpretations; 167 sup. izqda. Photonica/Tommy Flynn; 167 sup. centro Gettyone Stone/888366.001; 167 sup. der. Photonica/M Kazama; 167 inf. Corbis/Bettmann; 168 izqda. Gettyone Stone/BC7653.001; 168 centre Photonica/Ellen Carey; 168 der. Gettyone Stone/17p1 Interpretations; 169 Gettyone Stone/169p3 de Interpretations; 170 Photonica/Elaine Mayes; 171 Gettyone Stone/HF2227.001; 172 Gettyone Stone/BC9850.001; 174 Photonica/David Hiscock; 177 Photonica/Shusuke Nakamura; 178 Gettyone Stone/BC9116.001; 179 Photonica/Bildhuset AB; 180 Corbis/Hulton-Deutsch Collection; 181 izqda. Gettyone Stone /BC8499.001; 181 centro Gettyone Stone/BC3320.001; 181 right Photonica /Teruhisa Shiozu; 182 izqda. Photonica/Marianne Grondahl; 182 centro Photonica/Peter Murphy; 182 der. Gettyone Stone/888248.001; 183 Photonica/Komei Yusa; 184 Photonica/Sally Boon; 185 Gettyone Stone/580101.005; 186 Gettyone Stone/BC8584.001.

El autor desea expresar su agradecimiento a las muchas personas que tomaron parte, de forma intencionada o no, en la creación de este libro. Ellos son: Wendy Buonaventura, Nick Bantock, Emma Birt, Simon Bright, Luisa Calderon, Joseph Campbell, Christine Carter, Arabella Churchill, Sue Clayton, David Connearn, Sean Cubitt, Kath Dent, Françoise Dietrich, Michael Eavis, Keith Erskine, Rachel Gibson, Lawrence Golding, Simon Goss, Diana Grace-Jones, Albert Hoffman, Andrew Kerr, David Kestler, Judith Lawrence, Liz Lee, Sean Lovatt, Rebecca Lyle, Ewen McLeod, Hilary Mandleberg, Michael R. Meyer, John Michel, Doreen Montgomery, Tony Morris, John Naylor, Gerard Selby, Jane O'Shea, Martin Parr, Beth Shaw, Ian Wallace, Helen Vivian y Joyce Wyton.

También desea dar las gracias a Chester Kemp por crear y facilitar las Tablas Lunares.